P. von Radics

Landwirtschaftliche Kulturbilder

1486-1886 zumeist aus Österreich

P. von Radics

Landwirtschaftliche Kulturbilder
1486-1886 zumeist aus Österreich

ISBN/EAN: 9783743405103

Hergestellt in Europa, USA, Kanada, Australien, Japan

Cover: Foto ©ninafisch / pixelio.de

Manufactured and distributed by brebook publishing software (www.brebook.com)

P. von Radics

Landwirtschaftliche Kulturbilder

Landwirtschaftliche Kulturbilder

1486—1886

zumeist aus Österreich.

Von

P. v. Radics.

Leipzig.
J. M. Gebhardt's Verlag.
(Leopold Gebhardt.)
1887.

Vorwort.

Die nachfolgenden Blätter, welche der Verfasser dem wohlwollenden Urteile aller Freunde der Landwirtschaft hiermit vorlegt, verdanken ihre Entstehung dem vieljährigen Sammeln von Aufzeichnungen und den eigenen Wahrnehmungen über die Bethätigung auf landwirtschaftlichem Gebiete, auf dem Studium alter, heute schon ganz seltener Werke über die verschiedenen Zweige der Landwirtschaft, sowie auf der Beobachtung der zeitgenössischen Verhältnisse namentlich in Österreich. Und mit bezug auf diese speziell sollen diese Blätter in der Abteilung „Aus Krain" den Fortschritt in agrikoler Beziehung darthun, wie er sich in dieser engeren Heimat des Verfassers darstellt und die Aufmerksamkeit der Leser auf dieses vielfach interessante und merkwürdige Land lenken, das sich nach der Einbeziehung in das Eisennetz des Weltverkehrs als eine terra nova für den außenstehenden Landwirt erweist.

Die Beigabe „Beim Fürsten Schwarzenberg" enthält die schönste landwirtschaftliche Reminiscenz aus der Wiener Weltausstellung vom Jahre 1873, und damit diesem meinem Buche auch die Poesie nicht fehle, habe ich jene Arabesken zur Anastasius Grün-Feier des Jahres 1876 hier eingefügt, die ich aus den Werken des Dichtergrafen mit dem Auge des Landwirtes aufgelesen und um die litterarischen Festgaben jener Tage gewunden hatte!

Möge mein Buch den deutschen Landwirten, denen ich es zuzueignen mir erlaube, als eine willkommene Gabe aus dem schönen und mächtigen Agrikulturstaate Österreich erscheinen.

Laibach in Krain, 13. März 1887.

Der Verfasser.

Inhalt.

	Seite
Petrus de Crescentiis Landwirtschaftslehre aus dem Jahre 1486	7
Ein Papst als Lobredner des Ackerbaues (1496)	11
Der Christmonat und die alten Landwirte	14
Das Federvieh in einem Volkskalender von 1663	17
Kaiser Karl VI und die Landwirtschaft	21
Der Österreicher Wein und das „Wiener Bier" als Prüfungsthema. 1732:	
I. Vom Österreicher Wein	25
II. Vom „Wiener Bier"	30
Der Staatswirt Johann Heinrich Gottlob von Justi über die Landwirtschaft	34
Ein Lehrplan der Landwirtschaft von 1808	40
Beim Fürsten Schwarzenberg. Aus den Tagen der Wiener Weltausstellung 1873	45
Zur Anastasius Grün-Feier. 11. April 1876:	
I. Wald und Flur bei Anastasius Grün	53
II. Weinranken um Anastasius Grüns Dichtungen	60
III. Die Rose bei Anastasius Grün	70
Aus Krain:	
I. Die Wälder um das Laibacher Moor	74
II. Der „Marwein" und seine Geschichte (1886)	77
III. Das Bier in Krain	81
IV. Eine Forstinstruktion von 1650	84
V. Zur Geflügel- und Vogelzucht	87
VI. Eine wiedererstehende Fischerstation	91

Petrus de Crescentiis Landwirtschaftslehre
aus dem Jahre 1486.

Das Gebiet der Landwirtschaftslehre war lange brach gelegen. Da entstand demselben im 13. Jahrhundert in Italien ein ebenso rüstiger als rühriger, ein ebenso kenntnisreicher als erfahrener Bearbeiter, der 1230 zu Bologna geborene Petrus de Crescentiis. Dieser seit den Römerzeiten älteste Schriftsteller über Landwirtschaft, der sich in seiner Vaterstadt ganz besonderen Ansehens erfreut hatte — er war Beisitzer des Podestà —, mußte infolge von Unruhen dieselbe verlassen und blieb ihr dann durch dreißig Jahre fern. Wie er aber diese Zeit der unfreiwilligen Abwesenheit von Haus und Hof anwendete? Zum allgemeinen Besten. Er durchreiste in den drei Dezennien seines Exils ganz Italien und machte allerorten seine Bemerkungen über die Pflege der Landwirtschaft. Diese Erfahrungen brachte er dann in Vergleichung mit seinen diesbezüglichen Studien in den römischen Autoren und bereicherte beides durch eigene Grundsätze, die sich uns frei von den Vorurteilen seiner Zeit darstellen.

Das Resultat der gesammelten Studien, Erfahrungen und eigenen Grundsätze desselben besitzen wir nämlich in seiner Landwirtschaftslehre, die er unter dem Titel: Opus ruralium commodorum verfaßte, und die, nachdem er in seine Vaterstadt zurückgekehrt war, in Abschriften bald in alle Welt ging. P. de Crescentiis starb 1310 als Senator von Bologna; seine Landwirtschaftslehre blieb aber, man kann sagen, auf Jahrhunderte das Alpha und Omega des landwirtschaftlichen Wissens, und sie war unter den ersten Büchern, die in Italien nach Erfindung der Buchdruckerkunst auf diesem Wege noch weiter vervielfältigt wurden. Ursprünglich lateinisch geschrieben, ward de Crescentiis Werk dann auch ins Italienische und Deutsche übertragen. Mir liegt in der k. k. Studienbibliothek zu Laibach die lateinische Ausgabe von 1486 vor, die zu Straßburg erschien, und die ich in den folgenden Zeilen zur „Anzeige" bringen möchte, vielleicht damit die Anregung gebend, daß sich eine berufenere Jeder mit dem Manne einmal eingehender beschäftige, dem zu Ehren Linné eine Baumgattung Crescentia benannt hat.

Das Buch, welches de Crescentiis bei der Abfassung dem Könige Karl II. von Sicilien widmete, übergab er, als es fertig war — dies entnehmen wir der Vorrede —, dem Bruder Aymericus von Piacenza, Predigerordensgeneral, und dessen Mitbrüdern zur Durchsicht und Vervollständigung. „Sie mögen — schreibt er — nun korrigieren, aber das Gute nicht ausmerzen; man haut einen Baum nicht um wegen einiger wurmstichiger Äpfel, wenn an demselben viele frische hängen."

Das ganze Werk zerfällt in zwölf Abteilungen oder Bücher, welche das gesamte Gebiet der Landwirtschaftslehre und der Hilfskenntnisse, soweit man dieselben damals in Betracht zog, umfassen. Im ersten Buche finden wir die Erörterungen über den für die Landwirtschaft zu wählenden Boden, über die Höfe, über die Wohnungen, über Luft, Winde und Wasser, über die Lage der Wohnstätten, über Brunnen und Quellen, über das Wasserfinden, über Wasserleitungen und Zisternen, über das Baumaterial, dann über die Beschäftigungen des Landmannes, des Hausvaters u. Das zweite Buch handelt von der natürlichen Beschaffenheit der Pflanzen und von den allgemeinen Dingen, welche zur Kultur einer jedweden Art von Ackergründen notwendig sind. In diesem Buche begegnen wir einem Thema, dessen theoretischer und praktischer Bearbeitung die Italiener mit ebensoviel Glück als Geschick sich von jeher gewidmet, nämlich dem Thema über die Abwehr der Gewässer, das hier in einem eigenen längeren Absatze behandelt erscheint. Das dritte Buch geht auf den Anbau der Felder über und erörtert die Natur und Nützlichkeit der von ihnen zu ziehenden Früchte. Nachdem eine Untersuchung über die Konstruktion der Dreschtennen und Scheuern vorausgegangen, folgen der Reihe nach die Ausführungen über: Hafer, Kichererbse, kleine Kicher, Getreide, Bohne, Spelt, Schwertbohne, römischen Schwarzkümmel, Lolch, Linse, Wolfsbohne, Flachs, Gerste, Hirse, welschen Fench, Erbse, Winterweizen, Wicke.

Schon das vierte Buch kommt auf den Wein zu sprechen; da lesen wir Ausführliches von den Weinreben und Weingärten, von ihrer Kultur, von der Natur und dem Nutzen der Früchte, über die „Reinigung des Weines aus herben und verdorbenen Beeren, wie der weiße Wein schwarz gefärbt oder von der einen in eine andere Farbe gebracht werden kann". Den Schluß dieser Abteilung bildet ein begeistertes Lob des Weines, dem da nachgerühmt wird, daß außer ihm keine Speise und kein Trank bestehe, der sich dem Körper so assimiliere, wie der Wein.

(Nullus autem invenitur cibus aut potus adeo naturalis virtutis confortativus et augmentativus prout vinum propter familiaritatis consortium, quod cum natura habet, et ideo cito convertitur in naturalem et mundissimum sanguinem.)

Das fünfte Buch beschäftigt sich mit den Bäumen, und zwar zuerst mit den fruchttragenden und dann mit den keine Früchte bringenden (dem Holze) und dem Nutzen beider. Das sechste Buch führt den Leser in die Gärten und zu den darin wachsenden Pflanzen, die in der freien Natur „ohne den nachhelfenden Fleiß des Menschen" gedeihen. Das siebente Buch geleitet uns auf die Wiesen und in die Haine. Im achten Buche lernen wir die Lustgärten jener Tage kennen, nicht allein die der Könige und der illustren und reichen Personen, sondern auch die der sog. „kleineren Leute", der mittleren Personen, wie sie de Crescentiis benennt.

Sehen wir einmal nach, wie er diese Gattung Lustgärten der mittleren Personen anzulegen empfiehlt. Er schreibt: Nach den Eigenschaften und der Würde der mittleren Personen soll der einem Lustgarten einzuräumende Erdstrich zwei, drei, vier oder mehr Joch umfassen. Er werde umgeben mit Gräben und Zäunen von Dorngesträuppe oder Rosen, und oberhalb ziehe sich ein Zaun, in warmen Gegenden von Granatäpfeln (malis punicis), in kalten von Zwetschken oder Äpfeln. Der Boden ist zu ackern und mit Hauen zu ebnen; dann ist mit einem dünnen Seile der Ort auszuzeichnen (ganz zu umsäumen), wo die Bäume gepflanzt werden sollen. Darauf sind nun zu pflanzen in geraden Linien die Birn- und Apfelbäume, in heißen Gegenden die Palmen und Zitronen; ebenso (in geraden Linien) die Kirschen, die Pflaumen (Zwetschken) und ähnliche „noble" (edlere) Bäume, die Feigen, die Sykomoren und ähnliche, jedes Geschlecht für sich in einer Reihe. Die einzelnen Reihen mögen von einander mindestens 20 Fuß oder 40 und mehr Fuß abstehen, je nach dem Belieben des Eigentümers; in der Reihe selbst mögen die einzelnen Bäume von einander 20 Fuß, die kleinen 10 Fuß abstehen. In den Reihen zwischen den Bäumen können Weinreben gezogen werden, und zwar wähle man edle Sorten verschiedener Art, die Ergötzen und Nutzen bringen. Die Reihen sollen deshalb verbunden werden, damit die Bäume und die Weinreben gleicher Weise erstarken, und der gesamte Raum ist mit Wiesen und Zäunen abzuteilen, und darauf gedeihen dann große Gräser. Die Wiesen und Lustgärten sind im Jahre zweimal zu mähen, damit sie schöner werden. Von Lusthäusern und natürlichen Schattenplätzen, Fischteichen und anderem „Luxus" der Königsgärten weiß die Einrichtung der Lustgärten der mittleren Personen, wie man sieht, nichts zu erzählen.

Das neunte Buch befaßt sich mit allen Tieren, die auf dem Lande genährt werden. Wir finden hier die Pferdezucht, die Fischzucht und die Bienenzucht ausführlich behandelt. Den Krankheiten der Pferde und dem Nutzen der Bienen wird namentlich große Aufmerksamkeit zu teil. Im zehnten Buch belehrt de Crescentiis sein Publikum über die verschiedenen Arten, die wilden Tiere zu fangen, weist den Landwirt insbesondere auf die Schädlichkeit der Raubvögel hin und zeigt ihm, wie diesen am besten beizukommen sei. Am Schluß bringt er die verschiedenen Arten des Fischfanges vor.

Das vorletzte Buch (elftes) giebt in betreff der Regeln des Ackerbaues und der Landwirtschaft die näheren Ausführungen zu den vorangehenden zehn Büchern, und das letzte (zwölfte) Buch belehrt den Landwirt, was in jedem Monat in der Landwirtschaft zu geschehen hat. Diese Abteilung wurde später von den Kalendermachern des 16. und 17. Jahrhunderts weidlich nachgedruckt, bez. ausgebeutet, deren Inhalt in Prosa und Reimen übertragen und variiert.

Crescentiis war von der Trefflichkeit und dem Nutzen dieser seiner zusammenfassenden landwirtschaftlichen Hauspostille vollkommen überzeugt, und er sagt in der Einleitung zu diesem Schlußkapitel seines hochverdienstlichen Werkes, daß es für jeden Hausvater gut sei, wenn er hier noch einmal kompendiös zusammen wiederholt finde, was des Breiten in den einzelnen Abteilungen über die Geschäfte des Landwirts gesagt worden; wolle er es ausführlicher wissen, so ermögliche ihm dieses Kompendium, allezeit leicht an der betreffenden Stelle im Werke selbst nachzuschlagen.

Der Raum dieses Artikels gestattet es leider nicht, im Detail auf die Ausführungen unseres landwirtschaftlichen „Altmeisters" einzugehen; doch die Anführung seiner Methodik in der Einteilung des Stoffes, den er uns lehrt, und die eine kleine Probe, die wir über den Lustgarten der mittleren Personen beigebracht, zeigen uns den Landwirt auf der Höhe seiner und der nachfolgenden Zeit. Es wäre vielleicht nicht ohne Nutzen, einmal sich eingehender mit dem Manne zu beschäftigen, der durch lange, lange Jahresläufte hindurch bestimmend eingewirkt hat auf die Entwickelung der landwirtschaftlichen Lehren in seinem Heimatlande Italien und weit über dessen Marken hinaus.

Ein Papst als Lobredner des Ackerbaues.

(1496.)

Wir führen den freundlichen Leser in das 15. Jahrhundert zurück. Es ist der 1405 zu Pienza in Toscana geborene Äneas Silvius de Piccolomini, als Papst Pius II., welcher von 1442—1450 die Stelle eines Geheimsekretärs im Kabinette des Kaisers Friedrichs III., des Vaters Theuerdank-Maximilians bekleidete. In der Zeit seines Aufenthaltes in Österreich und seiner vielfachen Reisen, die er mit dem Landesfürsten in Österreich und Deutschland machte, lernte Äneas Sylvius nicht nur die Schönheiten unserer heimatlichen Alpenwelt kennen und lieben, sondern er ward auch mit den „unerschöpflichen Hilfsquellen", wie sie die natürliche Bodenbeschaffenheit des „glücklichen" Österreich bietet, vertraut, gleichwie mit der Gewinnung dieser natürlichen Schätze des gottgesegneten Reiches.

Außer anderen Schriften hat der 1458 zum Papste erwählte, 1464 verstorbene Äneas Sylvius Piccolomini auch eine ebenso reiche als interessante Briefsammlung hinterlassen, welche 1496 im Verlage des Nürnberger Anton Roberger im Drucke erschien. In dieser Korrespondenz des gelehrten und geistreichen Mannes, die er zeitlebens mit hervorragenden Persönlichkeiten, mit Verwandten und Freunden führte, und die mit Einschluß einiger Briefe von Anderen über 400 Nummern zählt, findet sich auch ein Brief an einen Oheim, welches Schreiben dem Interesse meiner verehrten Leser ganz nahe steht, indem er ein schönes „Lob des Ackerbaues" enthält. Dieses Schreiben, wie sämtliche der Briefsammlung in klassischem Latein abgefaßt, zeigt keine Datierung, ist aber nach allen Nebenumständen aus Österreich gerichtet. Ich teile dasselbe nun hier in deutscher Übertragung, und zwar in der dem lateinischen Originaltexte folgenden Wort- und Satzfügung, mit, um dem freundlichen Leser das volle Bild davon zu geben.

Äneas Sylvius schreibt seinem Oheim Johann Ptolomäus also:

„Du haſt Dir, wie ich höre, ein Deinem Alter meiſtzuſagendes Leben erwählt. Du befleißigſt Dich der Bewäſſerung der Gartenanlagen und der Landwirtſchaft. Die Sache iſt Deiner würdig, und es iſt eine für Dein Alter ſüße Muße, ein anſtändiges Geſchäft, ein beſcheidenes Vergnügen. Wer ſchon nicht mehr tauglich iſt zu den Waffen, wem der Helm zu ſchwer, der Panzer beſchwerlich, der Schild unerträglich, der möchte wieder raſch in den Wogen des Civillebens ſich bewegen; Schlaf entbehren, die Speiſe nicht zur geeigneten Zeit zu ſich nehmen können, iſt für Greiſe von tödlicher Wirkung. Hingegen gewährt die Beſchäftigung mit dem Ackerbau ein ruhiges, anſtändiges, freies und der Mäßigkeit zu ſtatten kommendes Leben. Nicht biſt Du der erſte von weiſen Männern, die ſich zu dieſer Art zu leben aus den Staatsgeſchäften weggeflüchtet haben. (Er zitiert ihm nun Horaz, Seneca, Cato.) Dieſes Leben gewährt Vergnügen, Ruhe des Geiſtes, Zurücklaſſen der Sorgen und natürliche Ergötzung. Dieſe Art zu leben iſt allein der Natur und der Art des Menſchen vorzüglich angemeſſen, weil ſie uns alles, was zum Lebensunterhalte und zur Lebensweiſe erforderlich iſt, liefert. Du biſt auch weiſe, daß Du dieſe Art zu leben, die von den Stürmen der ſozialen Raſerei am weiteſten abſteht, gewählt haſt; von dieſem Deinen jetzigen Wirkungskreiſe kannſt Du wie aus unermeßlicher Höhe auf uns, die wir in die Staatsgeſchäfte verwickelt ſind, herabſehen; hier kannſt Du für Dich ſelbſt Muße haben, Dich ſelbſt genießen, Dich pflegen.

Diokletian, dem die Welt gehorchte, hat, nachdem er die Regierungsgeſchäfte abgelegt, in der Villa zu Salona[1]) ſich dem Studium des Ackerbaues hingegeben. Es hätte dasſelbe auch Auguſtus gethan, wie geſchrieben wird, wenn er nicht Nachſtellungen gefürchtet hätte. Cyrus, der Perſerkönig, hatte zumeiſt die Gepflogenheit, diejenigen, die auf Beſuch zu ihm kamen, in den von ihm bepflanzten Garten einzuladen und in die von ſeiner eigenen Hand in Reihen geſetzten Bäume (Alleen) zu führen. Aber was folgen wir immer dem Beiſpiele der Sterblichen? Gott ſelbſt, als er den erſten Menſchen erſchuf, wohin ſetzte er ihn anders als in einen Garten der Freuden (ins Paradies), und als er ihn von dort vertrieb, wohin ſandte er ihn? — ich bitte — in die Felder!

Du machſt alſo, mein lieber Johannes, was Dir geziemt, und was auch ich, wenn es mir möglich ſein wird, thun werde. Den auf dem Lande lebenden Menſchen empfehle ich; denn ich lobe die Sorgfalt für die Angelegenheiten des Ackerbaues und billige die Fertigkeit, zu ſäen und zu pflanzen. Ich mache aber darauf aufmerkſam, daß Du die Arbeit Dir nicht zu ſchwer werden läſſeſt, damit ſie Dir nicht den Körper aufreibe, ſondern durch richtige Übung ihn Dir ſtärke. Wenn du dort mäßig lebſt, wirſt du Dir die Integrität Deines Lebens erhalten. Nicht wird Dich beherrſchen die überflüſſige Neugierde, noch

---

1) In Dalmatien.

die ängstigende Gemütsunruhe, auf daß Du erkennen wolltest, was und wo alles geschieht; nicht werden Dir den Schlaf rauben können die Sorgen, die Nachstellungen, die Seuchen, und entbehren wirst Du des gefräßigen Neides. Kein Betrug, kein Verbrechen haben leicht hier Platz und Zugang; süße Sicherheit und ruhiges Leben umgeben Dich allseitig; ein Leben voll Arbeit zwar, doch vorzuziehen den städtischen Ehren und Reichtümern, allein hat Dich mit Beschlag belegt.

Fahre fort zu leben, wie Du begonnen, und kultiviere den Acker und Dich selbst so, daß, wenn es Zeit sein wird, aus diesem Leben zu scheiden, Du in jene Gärten treten kannst, denen kein Regen und keine Hitze schaden kann. Lebe wohl!"

Der Inhalt dieses Briefes zeigt dem aufmerksamen Leser, wie so ganz erfüllt der hochgelehrte und weise Äneas Sylvius war von der hohen Bedeutung und Körper und Geist stärkenden Macht des Landlebens, der Beschäftigung mit dem Ackerbau in erster Linie, die ihm als das Erste, Schönste und Edelste galt.

Er selbst, der dann den Stuhl Petri einnahm, war geneigt, wenn es ihm gegönnt gewesen wäre, zum Landmanne zu werden, um die Arbeiten und die Freuden dieses Standes zu teilen, eines Standes, den der fromme Priester, der er war, für vorzüglich geeignet hielt zur Vorbereitung jener Läuterung des Menschen, die für diesen nach dem Glauben nötig ist, um einzugehen einst „in jene Gärten, denen kein Regen schadet und keine Hitze", oder mit anderen Worten, die von den Fährlichkeiten der irdischen Welt nichts zu besorgen haben.

Der Christmonat und die alten Landwirte.
(1587.)

Kommt der Christtag, wann der Mond zunimmt,
So wird ein gut Jahr, wie der Weise rühmt.
Und je näher dem neuen Mond, je besser Jahr,
Je näher dem Abnehmen, je härter zwar.
Hör, hör, was ich Dir will weiter sagen:
Wer Holz abschlägt an letzten zweien Tagen
Des Christmonaths, desgleichen im ersten
Des neuen Jenners, solchs währt am schrsten,
Es bleibt unverfault und frists kein Wurm nicht,
Je älter, je härter, der Weise spricht.
Wolf Albrecht Stromer von Reichenbach,
Nürnberg 1682.

Der Dezember in seiner ganzen poetischen Erscheinung mit Eisblumen und „Nicolobescheerung", mit der Thomas-Rauhnacht und der heiligen Weihenacht, in welcher gar der „schöne grüne Wald" zu uns ins Zimmer kommt, damit wir ihm zu Füßen die Gaben für unsere Lieben ausbreiten mögen, — der Dezember, wo die Natur in ihrem ersten und besten Winterschlafe dahingestreckt ruht und „um des Lichts gesellige Flamme sich die Hausbewohner sammeln", — der Christmonat, so wenig er anscheinend Beschäftigungen für den Landwirt mit sich bringen mag, so giebt er doch schon in früher Zeit den Landwirtschafts-lehrern darüber zu denken, welche Arbeiten sie auch für diesen Jahresteil dem „fleißigen Manne" empfehlen sollten.

Es liegt mir ein stattlicher Foliobann vor, der gerade vor dreihundert Jahren in Straßburg erschienen und von dem Schlesier Melchior Sebitz, der „Artzney Doctoren" verfaßt ist. Dieses vielfach hochinteressante Buch führt den Titel: „Fünfzehn Bücher vom Feldbau" und ist eine Übersetzung, besser gesagt, Lokalisierung eines bezüglichen französischen Buches auf dem deutschen wissenschaftlichen Boden. In diesem alten umfangreichen landwirtschaftlichen Werke bildet eine der ersten Abteilungen die Lehre von den monatlichen Feld-arbeiten.

Es mag für uns heute mehrfach anziehend erscheinen zu vernehmen, was für Beschäftigungen und welche „Nebenarbeiten" dem Landwirte des 16. Jahrhunderts von seinem „gar wolmeynenden Lehrer" da empfohlen, bez. „gelehrt" wurden. Wir glauben, den freundlichen Leser in eine dezemberlich-hausherbliche „annehmbliche Stimbung" zu versetzen, wenn wir ihm das Kapitel vom Dezember dem vollen Wortlaute nach und in der Fassung unseres deutschen Originals hier mitteilen. Dr. Sebiz schreibt:

„Von dem Christmonat."

„Im December soll ein Meyer offt das Feld besuchen, das Wasser, welches sich von vilen Regen gesammelt hat, abzulassen vnd jm zu seinem ablauff zu raumen. Soll das wasser auff die alten Wisen richten, auch, wo sie es bedörfften, misten.

Soll auch Mist sammeln, seine Brachäcker zu tüngen. Soll die Baumwurtzeln und die Kräuter, welche er auff den Frühling halten will, mit Mist decken.

Soll die Weidenbäume, Sarbäume oder Papellenbäume vnd andere Gartenbäume stümmeln und säubern, auff daß die äst deß leichter herfür stossen, und bald wachsen, wann der Winter vorüber ist.

Soll Holtz fällen, beydes, zu verbauen und damit einzuseuern, soll Garn und Netz stricken, Vögel damit zu fangen und Hasen zu hetzen, eben alsdann, wann die Felder mit Eiß überfroren sind oder mit Schnee bedeckt oder aber überschwemmt mit Regen, also daß man sonst kein ander Arbeit daselbs kan fürhaben.

Soll auch, allweil es regnet, vielerley Zeug, der zu brauchen, von Holtz schnitzeln und drehen, als Schüsseln, Teller, Spindeln, Zuber und allerlei abgangne Stiel, Walplöcher, Buten, Egen, Rechen, Pflugsterz, und andere Ting zur Meierei dienlich.

Desgleichen seine Deichsel, Joch, Wagen und Karren und alle nöthige Instrument, damit man das arbeitend Vieh anschirret, auff das man es zur Hand habe, wann man arbeiten soll.

Soll auch ein vorrat verschaffen von Hauen, Hacken, Schaufeln, Jäthauen, Spaten, Gabeln, Karsten, Hobeln und Hebeln, Hackmessern, Beiheln, Aexten und andern dergleichen Feldbauzeug.

Im Christmonat, sagt Constantinus, mag man auch Reben pflanzen.

Den Most oder neuen Wein soll man im Wintermonat (November) und in disem Monat reinigen, wan er aufhört zu jähren, alsdann soll man Faß inwendig abwischen von dem Unflat und Schaum, der sich oben angehänget hat. Diß mag geschehen mit den dürren Blättern vom griechischen Heu oder auch sonst mit sauberen Händen.

In diesen letzten zwei Monaten mag man auch die Schößling aller Bäum, die früh plühen und Früchte tragen, impfen.

Wann der Christtag im wachsenden Mond kommt, so wird ein gut Jahr und je näher dem neuen Mond, je besser das Jahr.

Wer an den zwey letzten Tagen des Christmonats und am ersten Tag des Januar Holz abhauet, wann der Mond neu ist worden, dasselbige faulet noch wurmäsigt nicht, sondern wird täglich je härter bis es im Alter gar zu einem Stein wird.

Bey dem Christmonat haben die Alten gewiesen, wann man will haben, daß dem Vieh das Jahr glücklich durchgang, so räume zu Weihnachten die drei Nachnächt den Barren gar schön und gib dem Vieh darin nicht zu essen sondern laß ruhen, sondern gib dem Vieh an die Erben vor dem Barren. Die drei Nächt aber sind diese: die Christnacht, das Neujahr und der hl. drei König Nacht.

Die neuen und vollkommen Reben soll man jetzt hacken und die vollkommen misten, denn die jungen bedürffen keines Mistes.

Es ist auch gut, daß man die Oelbäume (wo man derer hat) erhaue, nachdem sie der Frucht ledig worden sind, denn die neuen Aest geben viel Frucht. Man soll sie auch umbhacken samt allen andern fruchtbaren Bäumen. Den schwachen Bäumen soll man vil Geißmist oder Oeltrusen zuschütten, daß sie sein genug haben.

Man soll auch dieser Zeit Käften (Kastanien) in die Wäld pflanzen und die Bohnen säen.

In diesem Monat seyn die Lörbörbäume, Hebhäbäum und Egyptische Pflaumen am besten."

„Regiment im Christmonat zu halten."
„Prassen will ich und leben wol,
Darzu werd ich mich warm halten.
Ein sau ich jetzund stechen soll
Und hoff mit ehren zu alten.

Im Christmonat soll dein Tranck nit zu kalt sein; Arzney magst nemen, halt die Brust und den Leib warm, Aderlassen ist schädlich, iß Kölkraut und gebratene Zwiebeln im Salat, gebratene Birn und Aepfel nach dem essen, iß auch Gaissenfleisch, Kapaunen und allerley Vögel, Wasservögel ausgenommen. Brauch auch viel Peterlinwurz, sie seind dem Magen gesund, auch gebratene Rüben in der Aschen, Kuhefleisch und Schweinens ist feucht und jetzt nicht gut."

Man sieht, der alte Doktor der Arznei verfehlte nicht, auch aus seinem eigensten Berufskreise einige Winke beizufügen; freilich erscheinen dieselben heute noch weitaus mehr antiquiert als seine landwirtschaftlichen Lehren, in denen sich doch manch' Körnlein der Beachtung wert finden mag, und worin uns ganz besonders die starke Betonung der hausindustriellen Thätigkeit, der wir heute mit solchem Interesse entgegenkommen, ansprechen will.

Das Federvieh

in einem Volkskalender von 1663.

Einen keineswegs zu unterschätzenden Zweig der deutschen Litteraturgeschichte des 16. und 17. Jahrhunderts bildet die Kalenderlitteratur der genannten Epochen; sie bietet nämlich einen wichtigen Beitrag auch zur Kenntnis der kulturellen Entwickelung Deutschlands und Österreichs, für welch' letzteres diese Kalender zum großen Teile speziell bestimmt und berechnet waren.

Abgesehen von den darin enthaltenen, der Richtung der Zeit entsprechenden astrologischen und alchymistischen Bemerkungen, die freilich gleichfalls für die Tage ihrer Geltung charakteristisch erscheinen, abgesehen also von dem eigentlich kalendarischen Beiwerk dieser Almanache, gestalteten sich solche zu wahren Volksbüchern durch die beigegebenen unterhaltenden und belehrenden Texte, die in Kalenderkolumnen zwischendurch liefen und „Bildung" geschichtlicher und ökonomischer Natur in die breitesten Schichten des Volkes — soweit es eben damals dem gedruckten Worte zugänglich war — hineinzutragen berufen waren und diesen ihren Beruf getreulich erfüllten. Wenn ich sage: ökonomische Bildung, so meine ich damit nicht etwa allein die auch keineswegs zu verachtenden Regeln für den Landwirt, wie sie in Prosa und Reimen in diesen Kalendern zu finden waren, sondern direkt die belehrenden und anregenden Aufsätze ökonomischen Inhaltes, wie wir ihnen nicht selten in diesen Jahrbüchern begegnen.

Es liegt mir ein Kalender vom Jahre 1663 vor, der als belehrenden Begleittext einen vielfach interessanten Aufsatz über das „Federvieh" enthält, und ich glaube, es wird dem verehrten Leserkreise dieses meines Buches nicht unwillkommen sein, wenn ich diesen Artikel, so gut es der Raum gestattet, reproduziere.

Des Joannes Magiri „Newer vnd Alter Schreib-Calender auff das Jahr nach der Gnadenreichen Geburt vnsers Herrn Jesu Christi MDCLXIII.... Nürnberg gedruckt und verlegt durch Christoph und Paul Endtern Buchhändlern" ist es, in welchem in der Rubrik: „Haus- und Gesundheitskalender" „sothane Ausführungen über das Federvieh" beigebracht sind. „Im vorigen Kalender — sagt Dr. Magirus in der Einleitung — haben wir von dem Wildprät gehandelt, folget, nachdem wir der vierfüßigen Thiere Fleisch besehen, daß wir nun auch das Federvieh betrachten." Und er geht gleich mitten in die Betrachtung dieser Tiergattung selbst ein, indem er hervorhebt, daß unter derselben die Hühner und junge Hahnen, wie auch die Kapaunen den Vorzug haben wollen, „welche (die Kapaunen) für (vor) allen andern das beste und gesundeste Fleisch haben, leicht zu verdauen seyn, gut Geblüt geben und sehr wohl nähren." „Die jungen Hahnen, dieweil sie etwas feuchter Natur seyn (die medizinische Wissenschaft jener Zeit gab sich bekanntlich viel mit der Lehre von den „Humores" ab), seien gebraten gesunder und angenehmer. Die Hühner hingegen, die etwas trockener, seynd also besser und dienlicher, wenn sie gekochet werden." Als wichtigstes Arzneimittel werden die alten Hahnen empfohlen, „denn ihre Brühe den Leib eröffnet und beweget und auch sonsten den Verstopfungen des Geäders zu Hilfe kommt". Es folgt nun eine längere Auseinandersetzung über die Hahnenkämpfe in Frankreich und England, sowie die Belege der „Herzhaftigkeit der Hähne" aus dem „grauen Alterthume" beigebracht werden. „Also wiese der weise Heide Solrates dem Iphikrati zwei Hähne, die mit einander kämpften, ihm einen Muth zu machen", und Themistokles, der „griechische General", als er sein Kriegsheer „gegen die Persianer" führte, „traf unterwegs Hahnen an, welche mit einander kämpften, hielt mit seiner ganzen Armee stille und befahl seinen Soldaten, diesem Hahnenkampfe zuzusehen und von den Hahnen die Herzhaftigkeit und Mannlichkeit zu lernen, welche, ob sie gleich weder für das Vaterland noch für ihr Weib und Kinder, noch für die Religion, noch für ihre Freiheit stritten, dennoch sich so mannlich erzeigten". Die griechischen Soldaten nahmen sich ein Beispiel und — schlugen die Persianer.

„Gar alte Hahnen — sagt unser Kalendermacher weiter — aber seynd zum höchsten schädlich." Und warum? Magirus hält sie „mit einigen" dafür, daß „es eben die Basilisken seynd". Er erzählt nun die Märe von dem Italiener, der von einem alten Hahne mit roten Federn und gar feurigem Kamme gebissen worden, daß ihm die linke Hand blutete, und der bald so ausgesehen wie ein Hahn, „so ganz zornig und eiverig ist", und „obgleich unterschiedliche wider die Gift dienliche Mittel seynd gebraucht worden, ist es doch geschehen, daß er den dritten Tag hernach gestorben ist" — was dann unterschiedlichen Gelehrten Gelegenheit gegeben, von diesem Hahn Verse zu machen wie: „Dum furit in dominum gallus peremitque veneno commorsum, ergo alius non basiliscus erit."

Da die Hahnen nicht wohl zur Speise taugen, so pflegt man anstatt derselben die Kapaunen zu essen, „die gesund sein", „wiewol das einige

Doctores, unter welchen auch Crato ist, dafür halten, daß die Kapaunen derohalben Patienten nicht gesund seynd, so das Podagra oder die Gicht haben, dieweil sie auch damit geplaget werden, was am meisten von denselben Kapaunen zu verstehen ist, welche eingesperrt gehalten werden, denn alles Federvieh, welches auf diese Weise behalten wird, allzu feucht und ungesund Fleisch hat". (Es plaibiert also unser alter Kalendermann Dr. Magirus für die Geflügelzucht im Freien.)

„Was für Fleisch unsere Hühner haben, ist bekannt — sagt er zum Schlusse seiner Ausführungen über das Hühnervolk — nämlich, daß es (das Fleisch) weiß sey; dagegen schreiben — wie er sich beeilt, seinem Leserkreise bekannt zu machen — einige Historienschreiber, daß in Indien, sonderlich aber in der Insul Mozambique, so an Afrika lieget, Haner seyen, so nicht allein schwarze Federn und schwarze Knochen, sondern auch schwarz Fleisch haben und daß, wenn sie gesotten werden, auch schwarze Brühe, der Tinten nicht ungleich, davon komme." Diese Nachricht verfehlte auch bei dem Leser, dessen Lektüre dieses Aufsatzes im alten Kalender ich nachweisen kann, keineswegs die beabsichtigte sensationelle Wirkung; er strich mit einem gewaltigen Striche eines Rotstiftes die Stelle an, um sie wohl zu vermerken. Diesen „schwarzen Hanen" wird dann noch nachgerühmt, „daß sie sehr wol von Geschmack und besser als andere Hüner seyen".

Magirus vergißt auch nicht anzufügen, daß „etliche viel von den Hanenkammen zu halten pflegen und sie in Pasteten einmachen"; „aber — sagt er — sie seynd schwer zu verdauen und geben gar wenig Nahrung".

Den gewöhnlichen Hühnern seien an Güte am nächsten die „callaunische Hüner" (Kallutta-Hühner), „welche, wann sie noch jung seyn, gute Nahrung geben, wenn sie aber alt seyn, so geben sie nicht die beste Nahrung, etliche wollen mehr von ihnen halten, wann sie gekocht seynd, als wenn sie gebraten werden".

Die „Phasanen" werden als besonders „dienstlich" für Rekonvaleszenten bezeichnet, „seynd aber — heißt es gleich dabei — kostbar und kommen nur auf großer Herren Tafeln".

„Es seyn — erzählt nun Magirus weiter belehrend — die Phasanhühner zu uns aus Asia, aus dem Lande Colchis, da heutiges Tages die Tartern wohnen, kommen, von bannen sie der Held Jason mitgebracht, als er selbsten das goldne Fell (Bließ) geholet hat, wie Martialis 13 Epigr. 72 erzälet. Sie seynd für Alters so hoch gehalten worden, daß König Ptolomäus sich rühmte, daß er niemalen von Phasanhuhn gessen, sondern solche unter seine rare Thiere (in die Menagerie, sagen wir heute) aufgehalten habe. So habe auch Kaiser Pertinax niemals für seinen eigenen Mund sich lassen ein Phasanhuhn bereiten, und Kaiser Severus aß nur von den Phasanhühnern auf den gar hohen Festtagen, wie solches von ihm Lampadius schreibet."

Den Fasanen zunächst stellt Magirus die Haselhühner und Schnepfen, „von welchen — wie er beisetzt — die Italiener sonderlich viel halten, etliche pflegen deren Eingeweide mit allem, was darin ist, mit Gewürz einzumachen (Schnepfenkoth) und halten es hoch; es seynd aber — meint unser Autor — schlechte Leckerbißlein".

Als mit den Haselhühnern und Schnepfen „verwandt" werden nun die „Repphühner" aufgeführt; ihr Fleisch ist etwas truckener Natur, seynd also die Jungen am besten und nehren sehr wol". „Nebenst diesem" — schreibt er im Verlaufe — „pfleget man auch Tauben, Gänse, Endten, Auerhäne, Pfauen, Schwanen, Finken, Sperlinge, Wachteln, Krametsvögel, Amseln, Lerchen und Spechte auf den Tisch zu bringen, von welchen wir nun auch, so viel der Platz leiden wird, etwas schreiben wollen."

„Die Tauben betreffend — so lautet nun das Detail — seynd dieselben viererley Art: zahme, wilde, Ringeltauben und Turteltauben; die zahmen haben eine überflüssige Feuchtigkeit, seynd also, was dieses antrifft, die wilden besser, beider Fleisch aber ist dem schwachen Magen unbequem zu verdauen; Curtius habe, weil er täglich Tauben gegessen, sein Leben dadurch verkürzet", und Magirus zitiert den alten Schriftsteller Simon Sethi, der „da schreibet, daß die Tauben das Geblüt entzünden, Fieber erwecken, dem Haupte und den Augen schaden und wenn man deren viel genießt, die Krätze und gar den Aussatz verursachen". Doch das Fleisch der Ringeltauben schildert Magirus als „anmuthig", und es soll dasselbe nach Theodotus gut Geblüt und Nahrung geben.

„Turteltauben pfleget man in Frankreich mit Hirse zu mästen, sollen gute Nahrung geben, wohl schmecken und leicht zu verdauen sein."

Als sehr schwer verdaulich werden aber die Gänse, zahme und wilde, beide gleich, hingestellt, sie verlangen einen guten Magen, haben viel überflüssige Feuchtigkeit bei sich. „Die Aegypter ließen sie vorzeiten täglich gesottener und gebratener auftragen, auch hat man vorzeiten viel von der (Gans-)Leber gehalten, welche, wann sie (die Gänse) gemästet worden, sehr groß wird, ist angenehm, gesund und wird leicht verdauet."

„Man pfleget — schließt Magirus seinen Artikel über das Federvieh — an etlichen Orten auf Martinitag Gasterei zu halten, welches dann wohl hingehet, wann es aber öfters im Jahr geschiehet, geschiehet, was Herr Mathesius schreibet in seiner Oekonomia:

„Wer oft begeht St. Martins Tag,
Kein Gans, noch Hun auffbringen mag,
Letzlich Haus, Hof, Acker und Vieh
Muß an Trödel und Bratspieß."

Kaiser Karl VI. und die Landwirtschaft.

> Er wandte alle Sorgfalt auf die friedlichen Künste, welche
> die Staaten reich und die Menschen glücklich machen.
> Schirach, Karl VI. (1776), p. 329.

Es war ein glückliches Omen, wie schon die Zeitgenossen es als solches anerkannten, daß die Geburt Karls VI. (1. Oktober 1685) gerade zusammenfiel mit dem Momente, wo seines Vaters, Kaisers Leopold I. Waffen gegen den jahrhundertelangen „Erbfeind der Christenheit", die Türken in Ungarn, ununterbrochen siegreich waren und eine Ära des Friedens für die Ostmark von dieser Seite her inaugurierten.

Karl VI. selbst war es dann beschieden, mit den Türken den namentlich für Österreichs Aufschwung auf ökonomischem Gebiete so wichtigen Friedens- und Handelstraktat von Passarowitz (1718) abzuschließen, der den Produkten des österreichischen Bodens und des österreichischen Gewerbfleißes neue Wege des Absatzes eröffnete.

Doch nicht, was Karl für den Handel und die Industrie in Österreich-Ungarn alles geschaffen, können wir hier an dieser Stelle des näheren besprechen — und er hat dafür ganz Außerordentliches geleistet —, wir müssen uns darauf beschränken, dasjenige aus Kaiser Karls VI. umfassender Thätigkeit und rastlosem Wirken für Österreichs Wohlfahrt herauszuheben, was sich auf seine Fürsorge für die Agrikultur und deren Förderungsmittel bezieht.

Karl VI., welcher dank der ausgezeichneten Unterrichtsleitung durch den vortrefflichen Obersthofmeister Anton Florian Fürsten Liechtenstein in allen Fächern des Wissens die gründlichste Bildung erlangt und so u. a. auch die Nationalökonomen seiner Zeit, die Becher, Hornigk und Schröder, tüchtig studiert hatte, stellte sich unter weiser Benutzung der Theorie, doch in der Praxis den speziellen Bedürfnissen seiner österreichischen Länder stets Rechnung tragend, auf den Standpunkt eigener Anschauung und eigenen Studiums. Hat Karl VI. in seiner Staatsökonomie in Übereinstimmung mit dem bedeutendsten Merkantilisten seiner Zeit, Schröder, die Hebung der Manufaktur und des Commerzes vor allem scharf ins Auge gefaßt, so hütete er sich trotzdem, und dies im besten Interesse der ackerbautreibenden österreichischen Länder, dessen Lehre der

Zurücksetzung des Ackerbaues hinter den Handel zu folgen. Der Kaiser, der die materielle Lage seiner Unterthanen in jedmöglicher Weise zu fördern und zu unterstützen stets auf das eifrigste bemüht war, hat auch für die Landwirtschaft, soweit es die Verhältnisse ihm gestatteten, die größte Sorgfalt getragen. Man darf hierbei ja nicht vergessen, daß noch die Leibeigenschaft herrschte, die dem Fortschritte der Volkswohlfahrt, wie im allgemeinen, so speziell der Wohlfahrt der agrikolen Bevölkerung einen Hemmschuh anlegte, und der Sachse Kuchelbecker, ein Zeitgenosse Karls VI., sagt in seinem Werke: „Allerneueste Nachricht vom Römisch-Kayserlichen Hofe", Hannover 1732, im Hinblicke auf Böhmen, wo ihm die bezüglichen Verhältnisse am krassesten in die Augen sprangen: „Am allerschlimmsten aber sind die Bauern und Unterthanen des Adels daran, welche nicht nur in der härtesten Leibeigenschaft leben, sondern auch in ihrer äußersten Armuth gemeiniglich auf das strengste traktiert werden." Freilich war Kaiser Karl VI. immer und überall darauf bedacht, den in dieser Richtung herrschenden Übelständen nach aller Thunlichkeit abzuhelfen, wie er überhaupt, wo und wie immer eine Klage bei ihm eingebracht wurde, den Bauer gegen die Bedrückung, von welcher Seite immer sie kommen mochte, zu schützen wußte.

Es liegt uns ein eklatantes Beispiel dieser Art vor aus dem Lande Krain, wo seit Jahren Streitigkeiten zwischen den „Unterthanen" (Landbewohnern) und den Städtern (Bürgern) über die Grenzen von Handel und Ackerbau herrschten. Der Kaiser setzte zur endlichen Schlichtung dieser Streitigkeiten eine eigene Kommission ein (1731), und nach sechsjähriger Beratung erfloß seitens der i. ö. Regierung im Namen des Kaisers ddo. Graz, 14. Dez. 1737 die „Feststellung", „daß der Bürger und Bauer jeder bey seinem Werk verbleibe, mithin weder der Bauer sich auf Handwerke, noch auf Handel und Wandel, wie hingegen der Bürger sich nicht so stark auf den Ackerbau legen soll".

Wie nun aus diesem Beispiele der Schutz hervorgeht, den Karl VI. dem Landmann in seinem „Werke" zu teil werden ließ, so ersehen wir aus einer anderen nicht minder scharf accentuierten Verordnung des gütigen Monarchen, wie er es dem Bauer wesentlich zu erleichtern bemüht war, seinen „Waaren" mehr Absatz zu verschaffen. Diese Verordnung führt uns in die Residenz und da auf den Lebensmittelmarkt.

Mit Ausspruch der n. ö. Regierung von 26. September 1709 war dem Bauersmann Leopold Auer gestattet worden, sowohl eigene, als erlaufte geputzte Gänse und Enten zur Sommerszeit bis zehn und im Winter bis elf Uhr vormittags zu verkaufen. Sobald jedoch Karl VI. zur Regierung gelangt war, der, wie wir noch sehen werden, auch der Approvisionierungsfrage der Residenz seine Aufmerksamkeit schenkte, wurde unterm 24. April 1713 das Recht der Bauern, ihr Federvieh auf dem Wiener Markte zu verkaufen, bis auf ein Uhr nachmittags ausgedehnt.

Diese Verfügung des Kaisers, die zugleich den „Häringern" bedeutete, daß sie erst von ein Uhr nachmittags ab das Recht hätten, ihrerseits zu verkaufen, wollte diesen nicht behagen, und wir finden sie 1724 im offenen Tumulte gegen die Bauern, ja mehr noch, sie wußten den Bürgermeister zu dupieren, indem sie ihm die Verordnung von 1709 vorwiesen, die von 1713 aber verschwiegen, da sie zu Gunsten der Bauersleute sprach. „Es wäre unglaublich" — sagt Gigl, dessen unendlich fleißiger Arbeit über die Wiener Marktordnungen im Archive der kais. Akademie der Wissenschaften wir diese Notiz entnehmen — „es wäre unglaublich, wenn nicht die sprechende Urkunde vorläge; wir dürften heute vergeblich versuchen, uns die Möglichkeit einer solchen Mystifikation der Behörden vorzustellen. Die Wirkung derselben läßt sich aber aus dem Erlasse der Regierung vom 5. Dezember 1724 entnehmen. Es war nämlich ein Vortrag an den Kaiser erstattet worden und darauf von Karl VI. nachstehende Resolution erflossen: Die unmittelbaren Urheber dieses Betruges sollen auf acht Tage zum Profosen verschafft werden. Die gesammte Häringerzunft soll „noch vor diesesmal mit der Cassirung aus puren Gnaden verschont sein: sie haben aber aus Strafe 300 Gulden ad pias causas zu Handen des Zuchthaussuperintendenten innerhalb drey Tagen" zu erlegen. Den Marktrichtern, Wacht- und Rottenmeistern, welche beim Tumulte den Häringern Assistenz geleistet, wurde dies jetzt zwar nachgesehen, aber für ein andermal Dienstentsetzung und noch schärfere Strafen dafür in Aussicht gestellt; an den Häringerhütten mußte das Recht der Bauern, bis ein Uhr nachmittags auf dem Wiener Markte ihre Viktualien verkaufen zu dürfen, angeschlagen werden."

Eine Verfügung von 1720 (17. Juni) hatte übrigens zu Gunsten der Bauern sowie der Wiener Bevölkerung bestimmt, daß den „Fratschlern und derley Weibern", da sie fortwährend Teuerung verursachen und den Gesetzen sträflichst zuwiderhandeln, nicht nur die Waren konfisziert werden, sondern daß sie auch mit „empfindlicher Leibesstrafe" gezüchtiget werden sollen.

Vom Wiener Kräutermarkt um 1732 erzählt uns Kuchelbecker, daß er, etliche Male in der Woche gehalten, einen großen Debit mache. „Ein gewisser Ambassadeur habe — erzählt er weiter — vor einigen Jahren nicht glauben wollen, daß in diesem Kräutermarkte so vieles Geld stecken könne, dahero resolvirte er, den gantzen Kräutermarkt auszulaufen, und meinte solches in etlichen Markttagen zu bewerkstelligen. Nachdem er aber solches nur zweimal probiren lassen, sahe er, daß es zu viel Geld kostete und änderte seinen Vorsatz."

Die Approvisionierung Wiens in ihrer respektablen Totalität unter Karl VI. schilderte aber derselbe Gewährsmann aus dem freundnachbarlichen Sachsen, wie folgt: „Denn obgleich sowohl Getreide als Wein allhier im Ueberfluß wachset, so wird dennoch beydes von anderen Orten anherogeschafft, theils (um) dadurch dem besorgenden Mangel vorzukommen, theils aber die delicaten Mäuler desto besser zu contentiren. Diesem nach wird aus Oberösterreich und anderen an der Donau gelegenen Reichsprovincien Getreide, Salz, Rhein- und Mosler Wein, Holz, Stroh und andere Bedürfnisse herbeygeschafft; aus dem benachbarten Böhmen und Mähren wird ebenfalls vieles Getreide zugefahren. Aus Ungarn bekommet man die schönsten und fettesten Ochsen in großer Menge, wovon wöchentlich allhier etliche hundert Stücke geschlachtet werden. Von dem delicaten Tokayer Wein, Ausbruch und andern guten ungarischen Weinen, als Ofner, Erlauer, Oedenburger, Reitzersdorfer und St. Georgner Wein anjetzo nichts zu gedenken, dessen Einfuhr von denen Oesterreichern gleichwohl sehr schwer gemachet wird. Ueberdies wird viel Wildpret und Flügelwerk aus besagtem Königreiche anhero gebracht, wie auch Schafe und ander Vieh. Aus Steiermark führet man, nebst dem vielen Wildpret und guten Luttenberger Wein, ungemein fette Capaunen und dergleichen Flügelwerk in großer Menge zu. Aus Tyrol und Italien bekommt man nebst denen vielen und delicaten Weinen die herrlichsten Früchte, Oel, Austern, allerhand Seefische und dergleichen Waare in großem Ueberfluß, so daß man auch von solchen alles um billigen Preis haben kann."

Daß sich die Landwirtschaft unter der Regierung Kaiser Karls VI. so ansehnlich hob und heben konnte, als geschehen, das verdankte sie dem allerorts wachsamen Auge des Kaisers, der, wie ein Leichenredner bei seinem Tode konstatiert hat, „unbändige Flüsse bezäumet und schiffreich gemacht, der so viele Seen und Moräste frucht- und jagdbar gemacht". Karl VI. hat die Flußregulierung an der Theiß, Save, Alt u. s. w. durchgeführt; unter ihm wurden die Projekte zu großartigen Kanalbauten (Oberkanal) entworfen, und für die Bewirtschaftung der Domänen umfassende Reformen inauguriert. Der Monarch selbst ging mit der rationellsten Bewirtschaftung der kaif. Domänen beispielgebend voran; die kaif. Güter, Wälder, Fischereien u. s. w. erforderten allein einen Beamtenetat von 40000 Köpfen. Die höhere Hortikultur wurde im kaif. Garten in der Favorita (dem heutigen Theresianum) betrieben, „der wegen vielen raren und ausländischen Gewächsen, so daselbst in unterschiedlichen Glashäusern verwahrt werden, sehr remarquable", und ward (um 1732) unter allen ausländischen Gewächsen ein 20' hoher Cereus Peruvianus major spinosus bewundert, der 1724 die ungewöhnliche Zahl von 62 Blüten getragen.

Ein unvergängliches Verdienst um die Hebung der Pferdezucht in Österreich hat sich aber Kaiser Karl VI. durch die Meliorierung des von Erzherzog Karl 1580 gegründeten k. k. Hofgestüts in Lippiza bei Triest erworben, indem er — wie J. Auer in der vom k. k. Oberstallmeisteramte 1880 herausgegebenen Festschrift konstatiert — durch die Erwerbung des Gutes Prestranek (bei Adelsberg) und Errichtung der Gestütsfiliale daselbst dem Hauptgestüte in Lippiza u. a. für alle Folge die gesicherte Bezugsquelle unübertrefflichen Rauhfutters verschaffte.

Der Österreicher Wein und das „Wiener Bier" als Prüfungsthema.
1732.

I.
Vom Österreicher Wein.

Die „große Glocke" von St. Stephan, welche Kaiser Josef I. 1711 aus 180 eroberten türkischen Kanonen hatte anfertigen lassen, sie ließ am 12. November 1732, 8 Uhr morgens, wieder einmal ihre eherne Stimme vernehmen, als sich der akademische Senat der Wiener Universität nach alter Gepflogenheit nach der Kathedrale begab, gefolgt von ansehnlicher Begleitung, um in den altehrwürdigen Hallen der Metropolitankirche einer Zahl von sieben Magistern der Philosophie und Baccalaureen der Medizin den Doktorsgrad der Heilkunde zu verleihen.

Nach altem Herkommen wurden die Magistralvorträge dieser Neodoktoren dann in Druck gelegt, und wir haben die Sammlung dieser Dissertationsschriften der gemeinten sieben Herren vor uns, von denen ein paar über Bäder, einer über die Wiener Ammen, einer über Bier und einer, Herr von Steindl, über den Österreicher Wein vorgetragen hatte.

Wie die übrigen Vorträge, so enthält auch dieser eine Anzahl von interessanten zeitgenössischen Daten über sein Thema, so daß es mir wohl der Mühe wert erscheint, auf diese Schrift hier des näheren einzugehen.

Der volle Titel derselben lautet:

Vinum Austriacum
Oeconomico-Medice consideratum

In Celeberrima ac Antiquissima Universitate Viennensi in inauguralem disputationem pro consequenda doctoratus laurea publicae disquisitione submittit Franciscus Antonius Steindl de Plesseneth, Bohemus Pragensis AA. LL. & Philosophiae Magister saluberrimae Medicinae Baccalaureus . . . . . . Viennae Austriae typis Js. Bapt. Schilgen Statuum Prov. Austr. Typog. MDCCXXXII.

Sie umfaßt vierzehn Blätter 4° und behandelt den Gegenstand in fünf Kapiteln; die Sprache ist die lateinische.

Das erste Kapitel befaßt sich mit der Etymologie des Wortes „Wein" und mit der „Entstehung des Weines" in 20 Paragraphen.

Uns interessiert schon Paragraph IV (Rebengattungen). Es heißt da: Die Österreicher bezeichnen die Gattungen der Weinreben nach der Verschiedenheit der Beeren, anders nennen sie die wohlriechenden Muscateller (odoratas moschattelinas), die schwarzen (fuscas), „silberweiße", „mehlweiße", „abendrothe", „Lagler", „Gaisbutten". Von diesen werden die „mehlweißen" von den „Weinbauern" seltener gegessen, da sie Leibschmerzen und Diarrhöe verursachen. Die dicken Beeren geben am meisten Most. Mit Rücksicht auf die Lieblichkeit ihres wohlriechenden Wesens werden die Muscateller und „Zirfandl" auf die Tafeln gesetzt, aber auch von den Hirschen und Wildschweinen mit Begierde verschlungen.

Die nächsten Paragraphen untersuchen den Einfluß von Standort und Luft auf die Güte der Traube.

Es wird zunächst der mißglückte und mit großen Kosten verbundene Versuch, Reben vom Rhein, aus Italien und Spanien hieher zu verpflanzen, konstatiert, und der Grund in der Ermangelung des dortigen Bodens und der dortigen Sonnenkraft gesucht. Die Lage mache es daher auch, daß bei uns die gegen Mittag und Sonnenaufgang gelegenen Weingebirge wie am Bisamberg, in Nußdorf, Ober- und Unter-Kritzendorf und die übrigen oberhalb Klosterneuburg, wenn alle anderen Bedingungen erfüllt sind, einen weitaus besseren Wein geben, wenn nicht zugleich die Lage besonders hoch oder Berge entgegenstehen, wie in der „Wachau". Schlechter sind die gegen Norden oder Westen gelegenen, so die „in Pirawart auf dem Klesselberg" und „auf der Wart". Aber auch bei solcher Lage kann es gute Weinreben geben, wenn die Sonnenstrahlen im Reflexe auf sie fallen, wie in „Perchtolstorff", dann namentlich „in denen hinteren Sossen", „bei denen, obschon sie von den Hesperiden abgeküßt werden, die von den Rodauner Hügeln zurückgeworfene Sonne dem Bacchus günstig ist".

„Die Verschiedenheit der Luft ist von wesentlichem Einflusse", heißt es weiter, „denn wenn ein Jahr der heiße Südwind vorherrscht, so faulen die Beeren, wenn der Nordwind, so reifen sie nicht, das lehrt uns das Jahr 1725 und dann das Jahr 1730, in welch' letzterem der Frost die Weingärten ruinirte und der Wein sauer, übelriechend und ohne Geist wurde. Aber die Österreicher Weine erfordern auch nicht zu viel Hitze; wir wissen, welch' großen Schaden anno 1726 die allzu reifen Trauben den Weinbauern verursachten, indem der daraus bereitete Wein im nächsten Sommer den Bodensatz vom Grunde in die Höhe trieb, und als das Faß geöffnet wurde, erschien immer am oberen Theile des Weines, was wir Prill nennen, mit einer schwärzlichen oder bunten Haut bedeckt, die den Wein nach und nach schwinden machte."

Im Hinblicke auf die Witterung findet unser Autor, daß ein mittelmäßiges Donnerwetter, das die Luft mischt und reinigt, den Weinbergen nicht schädlich, sondern eher nützlich ist. Schädlich aber ist denselben entschieden allzu starkes Blitzen, was die Weinranken hart macht und die „Blume tödtet", wie wir 1728 in den Weingebirgen von „Perchtolstorff" gesehen haben, wo ein aus dem Walde brechendes Gewitter eine ganze Strecke von Weingärten schwarz färbte. Der Reif trifft im Frühlinge die Zartheit der Knospen mit einem matten saftlosen Keim und im Herbste die Stiele, wie es uns im Augenblicke die Klagen der Felsendorfer zur Genüge bezeugen; der vollständigste Ruin der Weinreben ist aber, wenn sie mit einer harten Narbe bemakelt erscheinen, wodurch sie sehr schwer oder gar nicht zur Reife gelangen. „Glücklich" — ruft er aus — „sind jene Weinberge, die von Natur aus eine solche Lage haben, daß ihnen die Einflüsse der Witterung nicht schaden können, solche findet man in Perchtolstorff in „Haspeln", die seit Menschen Gedenken nicht geschädigt worden sind."

Wenn aber die Luft und die Witterung von großem Einflusse auf das Gedeihen der Rebe sind, so ist es nicht minder auch der Boden, auf dem sie wächst.

Die Österreicher unterscheiden Gebirgs- und Donaureben (d. h. solche, welche in der Ebene wachsen); geben wir noch, sagt Herr von Steinbl, als dritte Unterscheidung hiezu die Reben, die knapp unter den Bergen, an dem Fuße derselben wachsen. Die Donaureben werden von den Gebirgsreben und diese werden von den am Fuße der Weinhügel gedeihenden an Güte und Geschmack übertroffen und haben letztere die mittlere Lesezeit. Denn durch Vorschrift der hohen Regierung ist anbefohlen, daß die Lese hier zuerst in der Ebene beginne, dann an dem Fuße der Weinberge vorgenommen werde und mit den Bergreben abschließe; die Ursache liegt in dem Fortschritte der Reife, denn diese beginne in der Ebene und am Fuße der Weingebirge und trete am spätesten in den Gebirgen selbst ein, zumal wenn ein Wald in der Nähe ist, z. B. „bey denen Planken, wie es vom Orte Mauer bis Meidling zu sehen ist"; wenn ein Berg höher als 400 Fuß ist, so hindern die rauhen Einflüsse der Luft und der Winde das Gedeihen eines guten Weines.

Die beste Weingartenerde ist aber nach unseres altjungen Doktors Urteil eine dunkelfärbige, sodahältige, holperige und nur wenig mit Schlamm gemengte.

Die von den Mineralien aufsteigenden Dämpfe sind nicht ohne Einfluß auf die Beschaffenheit der in diesen Bergen wachsenden Weine, wie es in Gumpoldskirchen („Gumboltskirchen") zu Tage tritt, wo die Dämpfe der benachbarten Badner Thermen auf den Wein die Wirkung üben, daß er das Gesicht mehr als es gut und notwendig ist, färbt und den Kopf dunstig und betäubt macht, den Abfluß des Harns aber mindert.

Die Donauweine „bei Nußdorff" und die übrigen werden wegen ihres vorzüglichen Wesens bewundert, und es wurde gefragt, warum sie so hervorragend seien. Die Antwort hierauf ist diese: Die Hitze des Tages zieht aus dem Wasser Dünste mit sich, welche dann nachts durch die Kühle als Nebel auf die Weinranken fallen und die Beeren nähren und weich machen, so daß die bei Morgenanbruch wieder kommende Sonne leichter auf sie wirken kann.

Woher es komme — fragt er hieran im Anschlusse —, daß man oft Weinberge, welche zu den bestkultivierten und fruchtbarsten zählen, unbebaut finde, so z. B. die am Fuße der Berge liegenden Weingärten in Perchtoldsdorf schon an die neun Jahre steril erscheinen, das geschehe, lautet die Antwort, nach dem Sprichworte der Bauern: „Wann die Bergflüsse gehen, traget bei ihnen die Ebene gut und schlecht das Gebirg".

Den Weinbergen als besonders schädlich erkennt der Verfasser die Heuschrecken, Maikäfer, Raupen, Schmetterlinge und alle Gattungen Würmer; gegen die Würmer, sagt er, haben die Krainer ein gutes Mittel, eine Art Mist, den sie aus den bei ihnen in Menge wachsenden Farrenkräutern gewinnen.

Die nächstfolgenden Paragraphen dieses Kapitels bewahren uns eine Reihe von technischen Ausdrücken, deutsch den lateinischen Bezeichnungen zur besseren, deutlicheren Erklärung beigesetzt, so: „Stecken außziehen", „Schneiden", „eine jede Läß auf zwey Augen schneiden", „die Cuirling oder Cuindling an denen Wasserreben", „Roth-Aeuglen", „das Fasten-Hauen" (ist das beste, man muß alle Erde umkehren), „Stecken einschlagen", „das Job hauen", „das Jöten", „das Binden", „das Band hauen", „abgipfeln", „das weiche Wein-Hauen", „Stöck ausmercken", „die leren Plätze", „Bögen setzen", „Stürtz-Reben", „Dunstofen", „Bögen legen", „das Grueben", „die Brücken oder neugelegte Zäune", „mit der Bau-Erde zuziehen"; dann weiters die Bezeichnungen der Gefäße: „Butten", „Mostel-Schaff", „Podingen", „die Laydt" u. s. w.

Unsere „Vorräte an technischen Bezeichnungen" werden überdies noch im Kapitel II: „Fortschritte und Erhaltung des Weines" vermehrt; hier hören wir von der „Schneid", die „der Most bekommt", wenn die Witterung eine warme war und die Trauben die vollkommene Reife erlangten, wohingegen es nicht der Fall ist, wenn die Jahreszeit kalt war und die Trauben sauer wurden, so anno 1730 und gewöhnlich bei den Gießhübler Weinen; hier hören wir von der „groben Fühl", ferner die Ausdrücke: „der Wein steigt'", „der Wein plobert, wird gut", „der Wein fallt".

„Durant nostra vina", sagt Herr v. Steinbl mit Stolz und klammert die Übersetzung ein: „seynd Lager-Wein" (die Österreicher Weine), denn durch das Alter werden selbst die schlechteren Weine hier verbessert, so wurde z. B. ein aus Vergessenheit zu Mölt 20 Jahre liegen gebliebener, sehr saurer

Wachauer so gut, daß er im ganzen Keller des hochberühmten Stiftes schier der beste war.

Die Weine von Nußberg, Heiligenstadt, Klosterneuburg, Möbling, Enzersdorf, Brunn und die am Fuße der Berge erreichen schneller den Grad der Vollkommenheit als andere, mehrere erst in 10 bis 15 Jahren, so die Weine in Mauerbach, Perchtolbsdorf, Rodaun.

Im weitern Verlaufe seiner Schrift kommt er auch auf die „Kellereien" zu sprechen.

Die Keller sind um so besser, je tiefer, je trockener, im Sommer je kälter, im Winter je wärmer sie sind; solche gute Keller findet man in den höher gelegenen Teilen der Stadt Wien, „in via regia", „Rennweg", „bei Mariahilf"; entgegengesetzt die feuchten, nur wenige Schritte reichenden Keller schlecht und zur Bewahrung des Weines ungeeignet, so die Keller beim „roten Turm", „neuen Thor", in der Leopoldstadt, in der Roßau, bei den Weißgärbern u. s. w.

„Bemerkenswerth ist unter anderen — so schließt Herr v. Steindl diesen Abschnitt — der Liesinger Keller der hochwürdigen regulirten Herren Canoniker zu St. Dorothea am Uferweg, wo man nach Kaltenleutgeben geht; er ist so groß, daß man mit Lastwägen hineinfahren kann, und weist in vierfacher Reihe Riesenfässer und wird täglich mit solcher Liberalität vermehrt, „daß keinem Gaste ein Trunk verwehrt wird."

Aus dem dritten Kapitel: „Corruptio et medicina Vini" wäre die Notiz hervorzuheben vom „Brechen des Weines"; der Österreicher wurde „weiß" in den Jahren 1717, 1720, 1723, 1724, 1729, rötete sich 1715, 1718, 1725, 1728, wurde schwarz 1701, 1702, 1726, von denen die letzteren schwerer, die übrigen leichter sich heilen ließen; es ist zu bemerken, daß man ihnen Weine beimengen muß, die von Haus sehr leicht sind, solche sind die Donauweine bei Breitenlee, Bockfließ und die dem ungarischen See benachbarten, aus dem Gebirge aber die Gumpoldskirchner und die aus unreifen Trauben der Jahre 1713, 1716, 1719 und 1730 gepreßten.

Im Paragraph 8 dieses Kapitels erwähnt der Autor der Regierungsmaßregel, nach welcher 1726 verdorbener Wein in Wien öffentlich am Graben nach aufgeschlagenen Gefäßen ausgelassen wurde, und er knüpft im Interesse der Sanität den Wunsch daran, es möchte solcher heilsame Vorgang öfters in den Gasthäusern wiederholt werden.

Zum Schlusse der hochinteressanten Schrift, die vielleicht eine wörtliche Übertragung verdienen würde, zumal sie aus einer Zeit stammt, die uns heute schon recht ferne liegt, heben wir den Spruch heraus, den der Verfasser zum Lobe des Wortes „Wein" in Zusammenhalt mit noch zwei mit „w" anlautenden Worten zitiert, indem er sagt:

„Es seynd drei harte W, das Weib, der Wirth und Wein,
Doch seynd sie werth geacht, wenn sie obn Laiter seyn".

sowie auch den daran schließenden Spruch der Schule von Salerno, die Weine seien: geistig, schön, duftend, kühl und erfrischend (fortia, formosa, fragrantia, frigida, frisca).

II.
Vom „Wiener Bier".

Das Thema über das vielgepriesene Wiener Bier hatte sich Adam Josef Besnecker aus Eger gewählt. Dieser „mechanisch-klinische" Vortrag — in lateinischer Sprache — erschien dann auch im Drucke und liegt uns als solcher auf 31 Quartseiten vor. Er bringt über das Wiener und niederösterreichische Bier vor mehr als hundert Jahren, ganz abgesehen von ihrer fachlichen Bedeutung, der medizinischen Untersuchung, eine Reihe statistischer Daten, die schon an und für sich geeignet erscheinen, unsere Aufmerksamkeit zu fesseln.

Der volle Titel lautet:

CereVIsIa
AVstro-VIennensIs
MeChanICo-CLInICe
eLVCVbrata.

/Quam /....../ In celeberrima, ac antiquissima / Universitate Viennensi / In inauguralem dissertationem / pro supremo licentiae ac doctoratus gradu consequendo /,Publicae Doctorum Disquisitioni submittit/ Adamus Josephus Besnecker Egrensis AA. LL. & Philosophiae Magister /....../ Viennae Austriae Typis Andreae Heyinger Universitatis Typographi.

Diese Schrift wird mit einem Vorworte eingeleitet, das unter einer nett gearbeiteten Kopfleiste — eine Vase mit Blumen und Kräutern, die sich nach rechts und links ausbreiten — die Aufschrift: Prolegomena trägt. Das erste Wort des Textes, der Name des Königs Osiris, ist mit dem Initiale O geschmückt, das einen Blumenkorb einrahmt.

Mit dem Citat aus Diodor von Sizilien, daß König Osiris, als der Weinstock nicht gedieh, zuerst gelehrt habe, aus Gerste einen „duftenden Trank" (fragrantem potum) zu bereiten, „an Annehmlichkeit dem Weine nicht nachstehend", beginnt dies einleitende Vorwort, um jedoch ohne weitere Umschweife sofort zu konstatieren, daß Niederösterreich, obschon es die meisten Länder durch die gesunden Eigenschaften seiner Wässer und die Güte seiner Weine übertreffe, doch rasch anschmiegend mit Eifer die Bierbereitung ergriffen habe. Man zähle

— sagt Besnecker — gegenwärtig (1732) innerhalb und außerhalb der Linien Wiens 34 Bierbrauereien.

Er führt sie namentlich an: in der inneren Stadt im Bürgerspital, ferner sechs in den Vorstädten, und zwar bei St. Marx, bei St. Margarethen, in der Leopoldstadt, in Lichtenthal, in „Guntendorff", beim Hundsturm; die anderen außer den Linien in Simmering, Eberstorff, drei in Schwechat, in Monswert, Fischament, Lanzendorff, Zwelffaxing, Bottendorff, Schwandorff, Baden, Ortha, Schmida, Schelenhoff, Hochau, Sallenau, Thraumau, Bittermanstorff, Lopperstorff, Walterstorff, Himberg, Hietelhorff, Stabl-Enzerstorff, Horn, Throst und Stockherau.

In allen diesen Orten — versichert er — werden „vornehme" Biere erzeugt und unter verschiedenen Namen und mit besonderen Zubereitungen dünner oder schwerer nach jedes Gaumens Belieben hergestellt und kraft besonderer Privilegien nach Wien gebracht. Da jedoch der Bierkonsum ein so großer sei, daß alle diese Brauereien mit Deckung des Bedarfes für die Residenz nicht aufkommen können, so werde auch überdies noch Bier aus Breslau, Prag, Regensburg, Baierisch-Filzhoffen u. a. Orten eingeführt.

Wenn des Aristoteles Ausspruch, daß das Leben des Menschen aus Feuer und Feuchte bestehe, wahr sei, dann hätten die Wiener — meint unser alter junger Medicus — nichts zu fürchten, denn des Feuers hätten sie genug in ihren Weinfässern, des Anfeuchtenden genug in ihrem Biere!

Da aber nie und nirgends das Gute herrschend bleibe, ohne daß es durch Unmäßigkeit, durch Habsucht oder Nachlässigkeit der Menschen hintangesetzt würde, so passiert es auch den Bewohnern Wiens, daß sie nicht selten schwaches, lahmiges, ranziges, saueres, schlecht gekochtes oder nicht geläutertes, ungesundes Bier trinken müssen und so die Bierliebhaber einen „ungesunden Ausgang" finden. Deshalb habe ihn die um das Wohl des Gemeinwesens besorgte Wiener medizinische Fakultät beauftragt, die Ingredienzien des Bieres, die Bereitung desselben, die „Prinzipien", den Gebrauch und Mißbrauch desselben zu studieren und bekannt zu geben.

Besnecker gliedert sein Thema in vier Bücher mit 65 Paragraphen.

Das erste Buch handelt in 12 Paragraphen von den Ingredienzien des Bieres und deren Auswahl. Eine besondere Aufmerksamkeit widmet der Verfasser den Eigenschaften des Wassers, das zur Bierbereitung verwendet wird. Ein besonders gutes, feines, mit dem Getreide leicht gährendes Wasser rühmt er der Brauerei am Hundsturm nach, wo der Bräuer das im Februar gekochte Bier (Martiam cerevisiam) in einem kalten Keller bis in den August (bis Mariä Himmelfahrt) frisch erhalte.

Interessant sind auch seine Versuche mit dem Areometer. Ersichtlich auf einer Tabelle gemacht, zeigt es sich, daß das Areometer im Wasser bei der Bierbereitung im Bürgerspital auf 11 Grad, bei St. Marx auf 10½, bei Margarethen auf 11, beim Hundsturm auf 10½, in Gumpendorf auf 9½, in Liechtenthal auf 10½ und in der Leopoldstadt auf 10 Grad wies.

Vom Wasser kommt er zum Getreide. Er nennt die zur Bierbereitung im allgemeinen benutzten Sorten, als: Weizen, Gerste, Hafer, dann Winterweizen, Hirse, welschen Fench, Reis u. a. In Österreich, hebt er hervor, sind nur die drei ersten Gattungen in Gebrauch, die anderen werden nicht benutzt, da sie der Brust schaden. Das beste Getreide zur Bierbrauerei komme aus Mähren, aber man hüte sich, daß nicht „Schwindelhafer" mit unterlaufe, der mit übelstem Ausgange die ganze Arbeit des Brauens zunichte mache.

In Wien, bezw. Niederösterreich, erzeugte man in Besneckers Tagen fünf Arten Bier: 1. das Weißgerstenbier (albo hordeacea); 2. das Braunbier, das mehr Hopfen enthielt; 3. das Märzenbier (Martiana), so genannt von der Zeit, in der es gekocht werden soll und am besten wird; doch — fügt er bei — es wird hier fast in jedem Monat neu erzeugt; 4. das Luftbier (aürea), und 5. das Einbock, eine Komposition, „aromatisch-medizinisch". Es ist zu bemerken, sagt er, daß alle Getreidebiere um so besser sind, je mehr weiße Blasen sie aufsteigen lassen; im Gegenteile sind sie gefälscht.

Der beste Hopfen werde aus Saaz in Böhmen nach Wien gebracht; je mehr Hopfen dem Getreide beigemengt werde — und es kommt derselbe in Niederösterreich zu allen Bieren —, desto lieblicher werde das Getränk, desto schöner die Farbe und desto länger halte es sich.

Das zweite Buch behandelt in den §§ 13—34 die Art der Bereitung und Erhaltung des Wiener Bieres. Hier lesen wir die technischen Ausdrücke: Malz-Dörre, Ochsen-Mühl, Masch-Bottung, Faum-Löffel, Masch-Scheuth, Bier-Grandt, Aufschlag-Schappffen, Pfaffen, Ubertrog-Münne, die Hopffen-Seug, Kühlstock, Zusammen-Laß, „bekommt den Zeug" u. s. w. Die Arten des schlechten Bieres werden dann schließlich aufgeführt, als: Zeugraaß, Hopfenraaß, verdampffet, angelegt, brandlet, rohhöppffig, Sommerentzig, Erdentzig, Graßleimicht, Schaalflüssig, Schimblicht u. s. w.

Das dritte Buch handelt in §§ 35—44 von der chemischen Untersuchung des Wiener Bieres und das vierte in §§ 45—65 von dem Gebrauch und Mißbrauch desselben.

In diesem letzten, dem vierten Buche, wird auch die Gesundheitsfrage erörtert und stellt sich Besnecker als ein Verteidiger des Bieres vom sanitären Standpunkte aus dar. Er findet das Bier für die Nerven vorzüglich gut, sowie es auch den Auswurf befördere und auf den Urin bestens wirke. Wenn man wissen wolle, wie gesund das Biertrinken sei, so sehe man nur auf Böhmen, das den Kern des Heeres stelle; wo finde man eine besser gefärbte, gesundere und länger lebende Bevölkerung und, was die Hauptsache sei, wo schöner gestaltete Frauen und fruchtbarere Mütter als in dem genannten Lande?!

Wie er aber für das gute Bier entschieden seine Lanze einlegt, so ist er der schärfste Gegner aller künstlich erzeugten, der gefälschten, der sog. medizinischen Biere.

Die „Indication" des Bieres, um mit dem Mediziner zu sprechen, lautet aber: Die leichten Biere bei akuten Krankheiten und in der Rekonvaleszenz; die mittleren für Knaben, Jünglinge, für Phthisiker, Hektiker, bei Skorbut und anderen ähnlich „imminenten" Krankheiten; die dicken Biere für Soldaten, Jäger, Landleute, Fabriksarbeiter und dergleichen Personen.

Als die ratsamste Zeit des Biertrinkens wird der Sommer empfohlen, doch möge man nie mit leerem Magen und nicht ungewohnt morgens Bier trinken. Junges Bier sei sehr schädlich; das im mittleren Alter sei das gesündeste, doch treffe man davon in Wien wenig an, denn es gehe der Vorrat zu rasch aus.

Besnecker schließt seine, wie man sieht, nach allen Seiten hin das Thema erschöpfende Arbeit mit dem Wunsche, es möge der Leser von dem Biere, das er trinke, den Bauch nicht beschwert fühlen!

Der Staatswirt Johann Heinrich Gottlob von Justi über die Landwirtschaft.

Im Verlage der 1719 gegründeten und heute in aller Welt gekannten und bestrenommierten Leipziger Firma Breitkopf & Härtel — damals bloß Breitkopf — erschien 1755 in erster und 1758 in zweiter, stark vermehrter Auflage des berühmten Gelehrten Johann Heinrich Gottlob von Justi Staatswirtschaft („Verlegts Bernhard Christoph Breitkopf") in zwei ansehnlichen Oktavbänden à 606 und 744 Seiten samt vortrefflich gearbeitetem Register. v. Justi lieferte in diesem seinem Kapitalwerke (das heute zu den bibliographischen Seltenheiten zählt, und das ich kürzlich auf antiquarischem Wege aus der einstigen, dem praktischen Gebrauche gewidmeten Handbibliothek des großen krainischen Patrioten, Gelehrten und Volkswirtes Siegmund Freiherrn von Zois erworben habe) eine systematische Abhandlung aller ökonomischen und Kameralwissenschaften, die zur Regierung eines Landes erfordert werden.

In dem ersten Teile handelt der Verfasser über die Lehre von Erhaltung und Vermehrung des Vermögens des Staates, mithin von der Staatskunst, der Polizei- und Kommerzienwissenschaft nebst der Haushaltungskunst. Diese Abteilung des umfangreichen, wohlgegliederten und in allen seinen Abteilungen gleich bedeutungsvollen und interessanten Buches geht uns hier zunächst an, denn sie umfaßt auch „Die Wirtschaft auf dem Lande", „Den Zusammenhang der gesamten Landwirtschaft", den „Ackerbau" und die „Viehzucht" speziell.

Ehevor wir jedoch in eine kursorische Betrachtung dieser Abteilungen von Justi's heute noch in vielen Punkten maßgebenden Buches eingehen, möge es gestattet sein, auf ein paar Stellen in den Vorreden hinzuweisen, weil aus ihnen der ganze Mann der Wissenschaft und zugleich erfahrene Praktiker sich von selbst mit wenig Strichen ausgestaltet.

„So alt auch diese Wissenschaften, die ökonomischen und Kameralwissenschaften sind, so sind sie, schreibt er, doch mehr als alle anderen von den Gelehrten vernachlässigt worden. Alle übrigen Wissenschaften haben überflüssige Bearbeiter gefunden, nur an diese haben sie wenig gedacht, und wenn nicht Leute, die in den Geschäften gesessen haben, und die der Gelehrsamkeit wenig ergeben gewesen sind, uns ihre Anmerkungen mitgeteilet oder einen besonderen Gegenstand oder Teil in dem Bezirke dieser Wissenschaften bearbeitet hätten, so würde es darinnen allenthalben noch gar wüste und leer aussehen. Ebensowenig hat man daran gedacht, diese Wissenschaften auf Universitäten vorzutragen." Erst vor dreißig Jahren habe der vorige König von Preußen, „dieser in der That große Wirt", auf den Universitäten in Frankfurt a. d. O. und in Halle Lehrstühle hierfür gegründet. Dieses Beispiel sei dann später in Upsala, Göttingen und anderwärts, so auch an dem akademischen Collegio in Wien nachgeahmt worden.

Mit seinem Werke füllte der Verfasser wirklich eine Lücke in der Litteratur aus und hatte die Genugthuung, daß dasselbe in den besten deutschen gelehrten Zeitungen und Journalen, sowie in den gelehrten Fachbüchern der Engländer, Franzosen und anderer Völker die vorteilhaftesten Rezensionen erfuhr. Es ist wohl überflüssig, daß uns unser Gelehrter dessen besonders versichert, aber ganz eigentümlich charakteristisch für ihn und ebenso für die Zeit, in der er lebte, bleibt es, wenn er sagt: er gehöre nicht unter die Klasse derjenigen Gelehrten, die das Gebäude ihres Ruhmes auf das Verständnis (Einverständnis) mit den gelehrten Zeitungsschreibern aufbauen und wohl gar die Rezensionen von ihren Schriften selbst machen und einsenden, oder die in ihren eigenen Journalen ihre Schriften gar artig herauszustreichen wissen, eine Sache, die ebenso thöricht ist, als wenn jemand vor den Spiegel treten und gegen sich selbst tiefe Bücklinge machen wollte.

Doch nun zur Sache selbst, zur Detailbetrachtung der Ansichten und Lehren v. Justi's über die Landwirtschaft!

Die Landwirtschaft gehört unserem Staatswirte zur Haushaltungskunst und bildet ihm in dieser die zweite Hauptklasse aller Nahrungsgeschäfte, nachdem ihm als erste die Wirtschaft in den Städten gegolten hat, — ganz folgerichtig, da er das gesamte Gebäude der Staatswirtschaft von oben aus betrachtet, nämlich von den höchsten Zielen dieser Wissenschaft, wie sie in dem Begriffe der Staatsökonomie zusammentreffen. Damit ist nicht gesagt, daß nicht auch v. Justi von der grundlegenden Bedeutung der Landwirtschaft für den Gesamtbau der Staatsökonomie vollkommen überzeugt wäre, was sich an verschiedenen Stellen seines ausgezeichneten Werkes deutlich ausdrückt.

Die Landwirtschaft — so definiert er den Begriff derselben — ist ein Zusammenhang von Nahrungsgeschäften, um vermittelst des Ackerbaues und der Viehzucht die auf dem platten Lande befindlichen unbeweglichen Güter bestmöglich zu nützen und zur menschlichen Notdurft und Bequemlichkeit allerlei rohe Waren und Materialien daraus zu gewinnen.

Die „Landwohnungen" betreffend, ist er für das System der Dörfer, doch mit Berücksichtigung der Vorteile, die die Vereinzelung der Wohnungsanlagen bietet, und er sagt diesbezüglich wörtlich: „Wenn man bei Anbauung der Haiden, Austrocknung großer Landseen und Moräste neue Dörfer anlegt, so thut man meines Erachtens wohl, beide Arten miteinander zu verbinden, z. B. wenn ein Dorf aus zwölf Bauernhöfen bestehen soll, in jeder Reihe sechs Bauernhöfe, und zwar jeder derselben 300 bis 400 Schritte voneinander angelegt werden. Auf diese Art wird jeder seine Felder unmittelbar hinter seiner Wohnung haben können (was den Vortheil der vereinzelten Anlagen in den gebirgigen Gegenden von Böhmen, Ober- und Niederösterreich, Steiermark, Kärnten, Tirol u. s. w. mit sich bringt), der Zwischenraum aber zwischen jedem Bauernhofe kann mit Häusern für bloße Häusler, Gärtner und Cossäther bebauet werden, die hinter ihrem Hause nur einen mäßigen Garten haben, das wenige Land aber, das man ihnen etwa zutheilet, von dem Dorfe etwas entfernt bekommen können."

Das Hauptwerk bei der Verwaltung eines Landgutes kommt, nach Justi's Lehre, hauptsächlich auf eine geschickte Verbindung aller Wirtschaftsgeschäfte an; es müssen aber die Wirtschaftsgeschäfte solchergestalt eingerichtet und miteinander verbunden werden, als es die Natur und Beschaffenheit einer jeden Sache und Arbeit erfordert, und ein Geschäft muß immer dem anderen zur Unterstützung und Beförderung dienen. Als Haupthilfsmittel für die Erhaltung und Beförderung eines Landgutes erkennt er aber den möglichst großen Viehstand; „nur schlechte Landwirthe", sagt er, „werden ihr Stroh und Heu verkaufen, wenn sie mehr Vieh unterhalten können".

Der nächste Endzweck der Landwirtschaft ist die Unterhaltung der Wirtschaft selbst; der entferntere, mit dem Erzeugten den anderen Menschen und dem Kommerze des Landes zu statten zu kommen; der letzte, wiewohl der Hauptzweck, von dem Überschusse des Erlöses der erzeugten Früchte zu ersparen, mithin Vermögen zu erwerben. Zur Unterhaltung der Wirtschaft ist hauptsächlich geboten, daß man alles dazu Benötigte selbst gewinnen muß, und daß man dasjenige zu erzeugen suche, was den meisten Vorteil bringt. Zur Erwerbung von Vermögen dient am besten nach Justi's Überzeugung der Verkauf der Früchte, die man in der Wirtschaft nicht nötig hat, doch warnt er, an den geringsten Verkauf zu denken, ehe man nicht auf ein völlig Jahr voraus Vorrat habe. „Nur alsdann könnte man einen entbehrlichen Theil des diesjährigen Getreides losschlagen, wenn der Preis desselben sehr hoch und dennoch die Früchte im Felde eine gute Hoffnung von sich geben."

Eine Reihe von Paragraphen handelt nun von den „Nebengeschäften" bei der Landwirtschaft, von den Waldungen und Gehölzen, von der Jagdgerechtigkeit, von der Fischerei, vom Seidenbau und vom Bier- und Branntweinbrennen auf dem Lande.

Bei der Fischerei wird besonders auf die zahme Fischerei in Bächen aufmerksam gemacht, die verwahrt werden können, und welche gemeiniglich zum Stande der Forellen sehr dienlich sind, vornehmlich aber in Teichen, welche, wenn man sie wohl anzulegen und vor der Dieberei zu bewahren weiß, einen guten Vorteil abwerfen. „Uebrigens", sagt Justi, „sollte man eigentlich drei Teiche haben, wenn man rechten Nutzen davon ziehen wollte, nämlich einen Streichteich, einen Streckteich und einen Gewächsteich, allein dieses leidet die Beschaffenheit der wenigsten Landgüter, und es wird alsbann ein besonderes Nahrungsgeschäft daraus."

Der Paragraph über den Seidenbau hebt mit den Worten an: „Ich komme nunmehr auf ein Nebennahrungsgeschäft, von welchem zu wünschen wäre, daß es sich die Landwirthe in Deutschland mehr angelegen sein ließen, als es seither geschehen ist ... wie ich ihn den Städtern bei den Lustgärten angepriesen habe, so muß ich ihn noch mehr den Landwirthen empfehlen, die dazu die beste Gelegenheit haben. In der That kann dieses Geschäft einem Landwirthe zu großem Nutzen gereichen, wenn sie sich nur die Erziehung guter Maulbeerbäume angelegen sein lassen wollten, gesetzt, daß sie auch die Wartung der Seidenwürmer selbst zu mühsam hielten. Sobald wir genugsame Maulbeerbäume haben, so werden sich auch Leute finden, welche die Würmer warten, und Andere, die Blätter ablaufen." An anderer Stelle des Buches konstatiert Verfasser, daß in Wien Kaiser Leopold I. den Anfang zum Seidenbaue gemacht habe.

Die Landwirtschaft hat aber nach v. Justi's Überzeugung zwei große Gegenstände, worauf alle ihre Geschäfte gerichtet sind, nämlich den Ackerbau und die Viehzucht, weshalb man diese beiden „besonders abhandeln" müsse. Er widmet daher auch beiden selbständige „Hauptstücke".

In dem Paragraph über die Größe der Morgen, Äcker und Hufen bemerkt er über die österreichischen Joche folgendes: „In Oesterreich hat man die Benennung der Joche oder Jochäcker, und ein solcher Jochacker soll so viel sein, als man mit zwei Pferden im Tage pflügen kann, und ich habe nach dem Augenscheine angemerkt — v. Justi war in Österreich — daß ein solches Joch wenigstens so groß als ein Morgen oder zwei Acker ist, welches aber ein starkes Tagewerk wäre!"

Bei der Besprechung der Urbarmachung und Verbesserung schlechter Äcker kommt unser gelehrte Landwirt auch auf die Austrocknung der Moräste. Nachdem er die Anlegung von Gruben und Kanälen zum Abfließen der Gewässer empfohlen, sagt er: „Um aber den Moor selbst urbar und zu einer fruchtbaren Erde zu machen, so ist es dienlich, daß man den Moor oder Torf fußtief ausstechen, zerkleinern und etwann mit dem dritten Theile Sand untermischt in Haufen bringen läßt. Wenn die Haufen ein Jahr liegen, so wird ein vortreffliches fruchtbares Erdreich daraus, das man alsdann auf dem Grunde ausbreitet und solches als Acker nutzet."

Die Fruchtbarkeit der Äcker schreibt er dem größten Teile nach den salzichten Bestandteilen der Erde zu, und darum ist es ihm begreiflich, warum die Düngung die Fruchtbarkeit vermehrt. Er hält den Schafmist für den fettesten und besten. „Wenn man aber — fügt er bei — in Oesterreich den Schafmist überhaupt für eine schlechte und vielmehr schädliche Düngung hält, so ist meines Erachtens ein bloßes Vorurtheil und der Mangel einer genugsamen Erfahrung und Einsicht daran Ursache." „Ueberhaupt befleißigt man sich in Oesterreich gar nicht sonderlich auf die Schafzucht, die doch alle Oekonomieverständige gewiß vor eines der nützlichsten und einträglichsten Landwirthschaftsnahrungsgeschäfte halten müssen."

Einen eigenen Paragraph widmet er der Frage der Dreifelderwirtschaft und kommt zu dem Schlusse: „Die Einrichtung der drei Felder ist nicht nothwendig und hatte ihre Beschwerlichkeiten."

Bei der Abteilung vom Säen kommt er auch auf die Säemaschinen zu sprechen und giebt der Maschine des Engländers Tull den Vorzug vor der Säemaschine Locatelli's und anderen Arten. Bei Besprechung der Ernte giebt v. Justi dem Gebrauche der Sense am Wintergetreide Weizen und Roggen den Vorzug vor dem Gebrauche der Sichel, „weil ein Acker nicht so viel mit der Sense abzuhauen als mit der Sichel zu schneiden kostet".

In dem Hauptstücke von der Viehzucht stellt er den Kardinalsatz auf: „Die Viehzucht kann allein ohne Ackerbau bestehen und vielleicht mit größerem Nutzen", aber nicht umgekehrt. „Und wenn nicht der Ackerbau — fügt er weitblickend an — nach der heutigen Beschaffenheit der Länder zum Unterhalte der Städte und so vieler darinnen befindlicher Menschen schlechterdings nothwendig wäre, so würde man allemal die Frage aufwerfen können, ob nicht die Grundstücke auf dem Lande durch die bloße Viehzucht ungleich vortheilhaftiger und höher genützet werden könnten als durch den Ackerbau. Eine genaue Berechnung der Nutzung von einer gewissen Anzahl Vieh, die auf so und so viel Acker Land, wenn dieses blos zu Wiesen und Viehfütterungsgewächsen gebraucht wird, gehalten werden können, in Gegenrechnung mit den Getreidenutzungen, würde diese Frage bald entscheiden. Die Engländer hatten diesen großen Vortheil der Viehzucht, nachdem die Wollenmanufacturen durch die Bemühungen der Königin Elisabeth in Flor gekommen waren, gar wohl eingesehen, so daß fast Jedermann seinen Acker zu Wiesen zu machen bedacht war, wenn nicht die Gesetze diesem Beginnen Einhalt gethan hätten."

Die Paragraphen von der „Nutzung der einzelnen Thiere" schließen mit der Besprechung der Nutzung der Bienen. „Endlich — heißt es da — müssen wir noch der Bienen gedenken, die gewiß ein nützliches Gewürme für einen Landwirth sind. Wenn man aber solche mit Nutzen halten will, so muß man einen eigenen Bienengarten haben, der mit hohen Mauern umgeben ist, und in welchem man Haidekorn, Rübsamen und dergleichen häufige Blumen tragende Gewächse dergestalt von Zeit zu Zeit bestellen muß, damit immer einige Beete in der Blüte stehen. Es ist auch gut, wenn ein kleiner Bach durchfließt, oder wenn man ihnen in einem nach Art einer Halbkugel ausgehöhlten Steine, der in diesem Garten ist, täglich frisch Wasser giebt. Man muß aber die Bienen nicht beschneiden, weil sie alsdann viel häufiger schwärmen und im Winter selten Schaden leiden. Die Nutzung aber entsteht, daß man, wenn man eine überflüssige Anzahl hat, vor Winters eine gewisse Anzahl Stöcke tödtet und sich ihres eingetragenen Wachses und Honigs bedient. Wer auf diese Art allemal dreißig Stöcke den Winter über unbeschnitten zur Zucht aufbewahrt, wird im Herbste allemal so viel Stöcke tödten können, daß er über hundert Thaler Nutzung davon zieht. Ich habe in dem dritten Theile der deutschen Memoires hiervon eine besondere Abhandlung eingerücket."

Hiermit schließt auch die ganze Abhandlung über die Landwirtschaft.

Ein Lehrplan der Landwirtschaft von 1808.

Als Nachfolger des ausgezeichneten Jordan, der die Ökonomie auf chemische und physiologische Grundsätze zurückgeführt hatte, bestieg dessen hochbegabter Schüler Leopold Trautmann 1808 den Lehrstuhl der Landwirtschaft an der Wiener Universität.

Trautmann, später selbst und auf lange hin eine Autorität als landwirtschaftlicher Schriftsteller, dessen Lehrbuch der Landwirtschaft nicht nur in Österreich, sondern auch in allen landwirtschaftlichen Kollegien in Deutschland als Norm des landwirtschaftlichen Unterrichtes galt, entwickelte beim Beginne seiner lehramtlichen Thätigkeit ein vollkommenes Programm, das er den „Lehrplan der Landwirthschaft" nannte, wie er ihn sich zurecht gelegt, und nach dem er sich denn auch hielt.

Dieses sein Programm trug er in seiner ersten Vorlesung am 11. November 1808 den Wiener Hörern der Landwirtschaft vor und gab es dann auch in Druck. Dieser Druck zählt heute zu den Bücherraritäten, und es liegt mir ein Exemplar, das ich kürzlich antiquarisch erworben, davon vor. Ich glaube sicher, daß es die Fachkreise heute interessieren wird, die Hauptgedanken aus Trautmanns Lehrplan hier reproduziert zu finden, zumal sie daraus ersehen werden, daß unserem Wiener Gelehrten, der aus dem vorigen in unser Jahrhundert herüberreichte (Trautmann war geb. 1766 zu Wien, starb ebenda 1825), gar manche Besserung auf agrikolem Gebiete bereits vorgeschwebt, die zu realizieren späteren Tagen vorbehalten blieb, so, um nur ein Beispiel zu nennen, die Gründung einer eigenen Hochschule für Bodenkultur in Wien.

„Die Landwirthschaft ist es, welche Alles erhält, versorgt und belebt." Mit diesem Kardinalsatze beginnt Trautmann die Motivierung des Nutzens der Agrikultur, bez. des agrikolen Wissens. „Ackerbau" — fährt er ausführend dann fort — „ist das einzig ausdauernde Fundament im Haushalte des Staates und das erste Thätigkeitsprincip, welches alle übrigen Zweige des Nationalreichthumes nicht nur in Bewegung setzt, sondern auch beharrlich darin erhält."

„Unstreitig verdient daher eine Beschäftigung vorzugsweise gewürdiget und unterstützet zu werden, welche die weisesten und besten Männer in allen Zeitaltern als die Pflegerin jeder öffentlichen und häuslichen Tugend verehrt haben."

Übergehend nun auf die hohe Bedeutung der Landwirtschaft in und für Österreich ruft er aus: „Der österreichische Staat, mächtig durch den Umfang, glücklich durch den natürlichen Segen seiner Provinzen findet in seinem eigenen Schooße die unversiegbarsten Quellen gegenwärtiger und zukünftiger Größe. Unsere von der Natur mit hoher Fruchtbarkeit begabten Erbstaaten liefern in Fülle alle Producte, welche zu einem zufriedenen und glücklichen Leben gehören... Blos von einem wohleingerichteten Agriculturfysteme und einer weisen Benützung unserer natürlichen Schätze hängt es ab, eine neue Monarchie in der alten zu gründen und dieselbe auf den höchsten Gipfel der Macht und der inneren Glückseligkeit zu erheben. Gewähren wir also der Landwirthschaft, als der ersten Ursache unseres Wohlstandes, jene Sorgfalt, welche sie im vollsten Maße verdient, und die sie auch als ein Merkmal gerechter Erkenntlichkeit von uns fordern darf, wenn sie anders mit ihren Wohlthaten uns bereichern soll."

Der Herr Professor hebt es rühmend hervor, daß die kaif. Regierung in menschenfreundlicher Sorgfalt die allgemeine Aufmerksamkeit auf die Landwirtschaft gelenkt habe, indem sie einen öffentlichen Unterricht über dieselbe angeordnet, nachdem bereits sein Lehrer, Regierungsrat Jordan, der Stifter einer landwirtschaftlichen Schule von ganz eigenem Geiste und Charakter Privatvorlesungen über die landwirtschaftlichen Lehren gehalten hatte.

„Unserem besten Monarchen, Kaiser Franz I., müssen wir es verdanken", schreibt Trautmann weiter, „daß der Unterricht in der Landwirthschaft künftighin einen integrirenden Theil der öffentlichen Lehranstalten auf allen deutsch-erbländischen Universitäten und Lyceen ausmachen wird, und den Herren Ständen von Niederösterreich gebühret hiebei das bleibende Verdienst, die Dotation des Lehrers der Landwirthschaft an der hiesigen Universität mit patriotischer Bereitwilligkeit aus dem ständischen Domesticalfond übernommen zu haben."

Zur Entwickelung seines Lehrplanes selbst schreitend, stellt der Vortragende als Axiom an die Spitze seiner diesbezüglichen Erörterung den Satz: „Wenn irgend eine Erfahrungswissenschaft einer schönen wissenschaftlichen Behandlung fähig ist, so ist es unstreitig die Landwirthschaft. Keine andere hat wie sie die Erfahrungen aller Zeiten und Nationen für sich, keine andere setzt aber auch wie sie zu ihrem zweckmäßigen Betriebe so viele und so mannigfaltige Vor- und Hilfskenntnisse voraus...."

Redner schildert nun die Notwendigkeit der Naturkunde im „weitesten Verstande des Wortes" als erste Bedingung und als unentbehrliches Hilfsmittel für den wissenschaftlichen Unterricht in der Landwirtschaft. „Ohne die Kenntnisse der jetzigen so sehr bereicherten Physik", sagt Trautmann, „und ihrer so großen und unentbehrlichen Stütze, der neueren Chemie, sowie ohne die Bekanntschaft mit den Gesetzen der Vegetation läßt sich in den Erscheinungen der organischen Natur, womit es der Oekonom doch vorzugsweise zu thun hat, das Wahre vom Falschen, die Täuschung von der Realität nicht unterscheiden."

Obschon von dieser Notwendigkeit durchdrungen, will er doch nichts überstürzen und in Hinsicht auf die Vorbereitungswissenschaften, als da sind: Mineralogie, Botanik, Zoologie, Physik, Chemie, Physiologie, Mathematik u. s. w., die Unterrichtslinie nicht zu weit ausdehnen.

Wohl schwebt ihm schon die Hochschule für Bodenkultur vor seinem weitausblickenden geistigen Auge, aber er weiß, daß sie vorläufig unerreichbar, und sagt anknüpfend an das Frühere: „Ein solcher ausgedehnter landwirthschaftlicher Unterricht, welcher alle diese (oben genannten vorbereitenden) Zweige in sein Gebiet aufnimmt, würde nicht nur mehrere Jahre, sondern auch mehrere Lehrer, einige Gebäude und mannigfaltige Einrichtungen erfordern, an welche vor der Hand noch nicht zu denken ist." Er wolle daher aus den Vorkenntnissen nur diejenigen ausheben, welche mit der ausübenden Landwirtschaft in der nächsten und innigsten Berührung stehen und für dieselben anerkannt die dringendsten und unentbehrlichsten sind.

„Den hier vorgezeichneten Ansichten" — führt er nun aus — „glaube ich am füglichsten Genüge leisten zu können, wenn ich die wichtigsten Wahrheiten aus der Chemie und der vergleichenden Physiologie als Vorbereitungslehre dem eigentlichen landwirthschaftlichen Unterrichte vorausgehen lasse und auf jene diesen baue und gründe. Was aus dem Gebiete der Naturgeschichte und der Naturlehre im engeren Verstande zu wissen nothwendig ist, werde ich bei vorkommenden Gelegenheiten immer dergestalt einzuschalten bemühet sein, daß nie der fortlaufende Faden des Vortrages unterbrochen wird und die ganze Vorbereitungslehre, sowie die eingeschalteten Lehrsätze aus den übrigen Hilfswissenschaften mit der rationellen Landwirthschaftslehre ein möglichst vollständiges, zusammenhängendes und systematisches Lehrgebäude begründen. Was die Landwirthschaftslehre selbst anbelangt, muß zuförderst für das Rath geschafft werden, was für die allgemeine Wohlfahrt das Nächste und Dringendste ist. Ich werde daher aus dem weitumfassenden Gebiete derselben nur diejenigen Zweige aufnehmen, die mit Rücksicht auf die speciellen Bedürfnisse des Landes, in welchem und für welches ich meine Lehren vorzutragen habe, von dem entschiedensten Belange sind. Dahin gehören unstreitig der Feldbau mit Inbegriff der Wiesenkultur, die Viehzucht, die Garten- und Obstkultur, der Weinbau und die Forstkultur. Diese werden nebst der Vorbereitungslehre die Gegenstände sein, welche nach dem Sinne und dem Geiste der Allerh. Vorschrift während eines einjährigen Lehrcurses zu wöchentlich fünf Stunden, ohne durch Weitläufigkeit zu ermüden, und ohne durch eine zu gedrängte Kürze unvollständig zu werden, sich füglich abhandeln lassen. Alle übrigen landwirthschaftlichen Nebengewerbe können umso unbeschadeter davon ausgeschlossen bleiben, weil theils des Unterrichtes dabei kein Ende sein, theils über unwichtigere Nebendinge die kostbare Zeit für die Hauptsache verloren gehen würde. Es kommt überhaupt — meint Trautmann — beim Studium der Landwirthschaft nicht auf die Menge des Details und eine ängstliche Sammlung von Vorschriften und Wirthschaftsrecepten, sondern hauptsächlich und beinahe einzig auf richtig leitende Grundsätze an. Die Grundsätze müssen vor Allem tiefe Wurzeln schlagen. Der angehende Oekonom, welcher in den Vorbereitungswissenschaften gehörig unterrichtet und angeleitet worden ist, nach echten Grundsätzen und mit geschärftem Blicke die Hauptzweige seines Gewerbes nach ihren mannigfaltigen Beziehungen hell in's Auge zu fassen, wird sich ohne einer weiteren minutiösen Anleitung zu den landwirthschaftlichen Nebengewerben zu bedürfen, in den vorkommenden Fällen schon selbst Rath zu schaffen wissen."

Dieser Hauptansicht des Lehrplanes folgt nun die Zergliederung der einzelnen Bestandteile, in die dem Verfasser zu folgen jedoch der beschränkte Raum dieser Blätter verwehrt; sie umfaßt die Seiten 19—38 der ganzen Schrift. Nur eines sei hervorgehoben: die hohe Wichtigkeit, die der Verfasser der Forstwissenschaft beilegt, auf die der öffentliche Lehrer der Landwirtschaft die Aufmerksamkeit seiner Hörer zu lenken habe, wenngleich durch die unermüdete Sorgfalt der Regierung eben eine Anstalt zur Bildung künftiger Forstbeamten im Entstehen begriffen sei.

„Mit sämmtlichen vorgelegten Gegenständen (des Unterrichtes in der Landwirthschaft und der Vorbereitungsgegenstände für selbe) schmeichle ich mir" — sagt Trautmann — „nach der Allerh. Vorschrift den Jahrescurs nützlich und mit Erfolg ausfüllen zu können. Eine Abhandlung über das Verhältniß des Ackerbaues zum Staate und den Einfluß eines wohleingerichteten Agriculturspstemes auf die allgemeine Glückseligkeit wird als Compaß für den angehenden Cameralisten den ganzen Lehrvortrag ebenso angenehm als lehrreich beschließen."

Von der Überzeugung durchdrungen, daß, wie in allen Realwissenschaften, so auch in der Wissenschaft von der Landwirtschaft sich Theorie und Praxis schwesterlich die Hände bieten müssen, verspricht er seinen Hörern, zu denen er im Tone traulicher Unterredung sprechen wolle, daß er unablässig bemüht sein werde, auf die Erfahrungen bewährter Ökonomen hinzuweisen, und daß er ihnen bei jeder Gelegenheit die Mittel an die Hand geben werde, wie und wo sie sich praktisch unterrichten und Rats erholen können. „Zu diesem Ende" — fügt er bei — „werde ich auch mit meinem Vorgänger. und Lehrer, als nunmehrigem Leiter des k. k. praktischen Instituts zu Bösendorf, in die engste Verbindung treten, um durch seinen wirksamen Beistand meinem Unterrichte den möglichst erreichbaren Grad von Vollständigkeit und Gemeinnützigkeit zu geben."

Wir eilen mit dem Verfasser zum Schlusse, den er als gewiegter Redner mit einem Lobe auf die Landwirtschaft ausklingen läßt.

„Keine andere Lebensweise" — ruft er aus — „gewährt in so vollständigem Maße den frohen Lebensgenuß, auf welchen Menschen mit gemäßigten Neigungen und billigen Wünschen nur immer Anspruch machen können, als die Beschäftigung des Landwirthes. Der Landwirth genießt überdies die Gaben und Vorzüge seines Standes mit der Sicherheit, dieselben nie ganz entbehren zu dürfen; er ist der letzte, der unter allgemeinen Drangsalen erliegt und der erste, welcher sich von denselben wieder glücklich erholt; bei keinem anderen Stande trifft man auch so viele Merkmale von wahrer Zufriedenheit und so wenige Spuren von moralischen Leiden an. Die Erfahrung liefert uns häufige Beweise, daß Männer von höchstem Range aus dem Getümmel des öffentlichen Lebens auf das Land sich zurückziehen, um dort Ruhe und Zufriedenheit zu finden, aber nur höchst selten gerathen wir auf Landwirthe, die dem voreiligen Gedanken nachgeben, ihr dankbares Feld, ihre nützlichen Ackerwerkzeuge und ihre friedfertigen Hausthiere mit den glänzenden Tändeleien eines unruhigen und geräuschvollen Lebens zu vertauschen."

Beim Fürsten Schwarzenberg.

Aus den Tagen der Wiener Weltausstellung 1873.

I.

Wien, 7. Juli.

„Ein Krügel Wittingauer!" Wer hat des Abends an der Auerspergstraße promenierend diesen Ruf nicht schon aus den benachbarten Gasthausgärten erschallen gehört, denn in diesen wie in so manchen anderen Lokalen der sonst gerade nicht böhmisch gesinnten Reichshauptstadt wird das Konkurrenzbier des „Pilsner", das „Wittingauer", mit viel Vorliebe geschänkt und mit noch mehr Vorliebe getrunken und dazu nicht selten zum Jausenimbiß der beliebte „Schwarzenberger Käs", dessen „Wiege" ebenfalls in Wittingau steht, verspeist.

Und wenn den Gesprächsstoff bei so einem Tische, an dem müde Wanderer vom Ausstellungsplatze sich niedergelassen, vielleicht die „zwei Böhm", oder wollten wir sagen die „zwei Biber" aus dem Pavillon des Fürsten Schwarzenberg bilden, so glaubt man sich doch leibhaftig nach Schloß Wittingau bei Budweis im Königreich Böhmen versetzt.

Aber heute haben es so und so viele glückliche Sterbliche nicht erst nötig, auf den Abend zu warten, um „ganz Wittingau" zu sein, nein, in aller Gottesfrüh hat unter persönlicher Garantie des Präsidenten der Franz Josefs-Bahn, des Fürsten Schwarzenberg, ein Separatzug die landwirtschaftliche Jury und eine Anzahl anderer geladener Gäste nach Wittingau zu einem gleich lehrreichen und nicht minder amüsanten Tagewerk entführt.

Da werden denn diese Beneidenswerten die ganze Pracht und Herrlichkeit der landwirtschaftlichen Entwicklung der fürstlichen Domänen auf einer Rundfahrt mit eigenen Augen sehen und an der Quelle das „Wittingauer" kosten und den „Schwarzenberger" dazu und die „Biber-Pepiniere" besuchen und noch manche andere Köstlichkeiten in sich aufnehmen; ist ja doch ein „fürstliches" Frühstück in Gmünd und ein „fürstliches" Diner in Wittingau in das „fürstliche" Programm aufgenommen.

Darüber und überhaupt wie es den „Herren Gästen" des hohen Feudalherrn auf ihrer heutigen Fahrt ergeht, werden wir morgen ausführlich berichten können.

Heute wollen wir unseren freundlichen Lesern nur ein kleines Bildchen davon entwerfen, auf welch' „klassischem" Boden unsere Herren Jurors und ihre Anhänger soeben wandeln.

In ältesten Zeiten im Besitze der „roten Rose", des Geschlechtes „derer von Rosenberg", wies Wittingau 1425 die Hussiten von seinen Mauern hinweg. Als 1611 Peter Wok von Rosenberg starb, kam die Herrschaft an das Geschlecht „derer von Schwanberg", aber nur für kurze Zeit. Herr Peter von Schwanberg beteiligte sich nämlich an der böhmischen Rebellion 1618, und da man zu jenen Zeiten mit Rebellen ebenso wenig Federlesens machte, wie stellenweise in unseren Zeiten, so wurde nach Niederwerfung der Rebellion Schloß Wittingau einfach von Staatswegen konfisziert und fiel an den Fiskus. Kaiser Ferdinand II., „der Katholische", übergab dasselbe seinem Sohne Ferdinand III.; eine Zeit besaß es auch die Erzherzogin Cäcilia Renata, 1658 aber kam es an Erzherzog Leopold Wilhelm. Von diesem gelangte Wittingau rücksichtlich bedeutender Guthabungen des nachmaligen ersten Fürsten Johann Adolf I. zu Schwarzenberg für rückständige Besoldung, geleistete Darlehen und „erwiesene wichtige Dienste" an den Genannten. Ein kostspieliger Prozeß mit den Erbprätendentinnen, von Schwanberg, in Verbindung mit den angeführten Forderungen läßt, wie der Haushistoriograph der Schwarzenberge Herr Archivar Berger schreibt, die Herrschaft Wittingau als teuer genug erkauft erscheinen.

Auf dieser „Domäne" nun hat das Geschlecht der Schwarzenberge das gethan, was sonst im Mittelalter und seiner nahen Folgezeit die Mönche zu thun pflegten, es hat Sümpfe und Moräste ausgetrocknet, Wälder kultiviert, den Boden bebaut, die Rindviehzucht gehoben, alle möglichen Industrien eingeführt darunter wohl „des Dankes der Besten" sicher, die Brauerei auf ihre heutige hohe Entwicklung gebracht, für die Arbeiter eine Dampfbrotbäckerei mit einem Artmann'schen Ofen errichtet u. s. w.

Das Großartigste auf der Domäne Wittingau sind aber die landseeartigen Teiche. Da ist z. B., um nur einen zu nennen, der riesige Rosenberger Teich. 1253 Joch mit einem 6 Klafter hohen, an der Basis 35 Klafter breiten und 2000 Schritt langen, von Jahrhunderte alten mächtigen Eichen bewachsten Damme. Diesen Teich ließ Wilhelm von Rosenberg 1584—1590 durch seinen „Regenten" Krcin von Julcan errichten, welcher auch den die Hochwasser ableitenden Neubach schuf. An diesem, Waldpartien von amerikanischem Urwaldcharakter durchfließenden Bache finden wir die Biber-Kolonie, die seit 1804 durch fürstliche Fürsorge einheimisch gemacht wurde. In neuester Zeit wird mit Rücksicht auf die Seltenheit und, wegen des Bibergeils, auch medizinische

Wichtigkeit dieses Tieres für die strenge Hegung desselben gesorgt und es hat die Apothekerversammlung des Jahres 1864 dem jetzt „regierenden Fürsten" für sein und seines Hauses Verdienste um die Erhaltung des Bibers eine besondere Dankadresse votiert und überreicht.

Die Wagfische aus den fürstlichen Teichen von Wittingau wanderten früher auf Fuhrwägen, jetzt meist per Bahn, nach Wien, wo die Karpfen häufig als „Donaukarpfen" in den Hotel-Küchen stets „warme" Anempfehlung finden.

Neben den Teichen spielen in der Wittingauer Wirtschaft die „Torf-Moore" eine große Rolle, und sind wir oder eigentlich unsere Nachkommen auf ein Jahrtausend mit dem Moorbedarf von da aus gedeckt.

Von der Landwirtschaft wollen wir morgen sprechen, in welch' „greifbaren Resultaten" sie den Jurors entgegenwogte, entgegensproß, entgegenblöhte u. s. w., u. s. w.

Vertiefen wir uns in das Waldesdunkel. Über die Aufmerksamkeit für die Nutzung der Wälder wird schon aus dem 14. Jahrhunderte berichtet und die älteste Notiz über den ersten bekannten Holzausweis stammt aus dem Jahre 1459 her. Dieselbe besagt, daß Setel, der Forstbeamte, 20 Schock Groschen für verkauftes Holz an den Wittingauer Hauptmann in Abfuhr brachte.

Im 17. Jahrhundert entstanden die ersten Plantagen. Insbesondere war die Eiche ein Liebling des Fürsten Johann Adolf I. und befahl derselbe, „Eicheln in Umzäunungen zu pflanzen, nach 4—5 Jahren zu transplantiren und successive feine eichene Wälder zu zügeln" und „Ihr wollet — ermahnte er — dadurch, daß diese Bäume in vielen Jahren erst zur Perfektion kommen, Euch nicht abschrecken lassen, sondern gedenken, daß für die Posterität in allen Sachen mehr als für die Lebenden gearbeitet wird."

Die schönen Eichen, welche hier mitunter in Exemplaren von seltener Entwicklung vertreten sind und der Wittingauer Gegend zum schönsten Schmucke gereichen, sind die lebenden Zeugen für die Echtheit dieser archivalischen Aufzeichnung.

Und vom Wald ins Schloß war's nie weit, so wollen wir denn auch zuguterletzt unmittelbar ins Wittingauer Schloß eilen.

An der südlichen Grenze der Stadt gelegen hebt sich als Kern des sehr weitläufigen, aus vielen Nebengebäuden, nämlich Kanzleien, Beamtenwohnungen, Wirtschaftsgebäuden zc., sowie Hofräumen bestehenden fürstlichen Schlosses, das noch den Rosenbergischen Typus aufweisende und noch mit der berühmten „roten Rose" in Stein gezierte, in dem einen Trakte jedoch vom gegenwärtigen Fürsten wohnlich umgestaltete Herrenhaus mit einem freundlichen Parke auf der Westseite. Ein mächtiger Zwischentrakt mit dem von Peter Wok von Rosenberg erbauten, nicht ohne Grund sogenannten „langen Gange" verbindet das eigentliche Schloß mit den in vieler Hinsicht interessanten und merkwürdigen Gebäuden des von vier Rosenbergischen Brüdern 1367—1376 gestifteten und reich botierten, 1785 aufgehobenen Augustiner-Chorherrenklosters und der ehemaligen Stifts-, jetzigen Dekanalkirche von Wittingau. Das 160 Schritte lange Erdgeschoß jenes „langen Ganges" birgt aber einen der größten Schätze in zwanzig reichlich gefüllten Gewölben in sich: das größte Privatarchiv Österreichs, das Gelehrte aller Länder vielfach benutzt haben. Der Besuch dieses Archives wird das Programm der „Wittingauer Exkursion" heute in „würdiger Weise" abschließen, und so schließen auch wir, indem wir den Männern der Landwirtschaft im Geiste eine gute Unterhaltung wünschen zu allem, was sie heute sehen und erleben Neues, noch nicht Gesehenes und noch nicht Erlebtes, mitinbegriffen die für Manchen aus ihnen „Neue Welt" eines moderduftenden Archives.

Und der Telegraph, der heute von Wittingau nach allen Richtungen spielen wird, er wird, nachdem er nun mehr als ein Halbjahr immer nur betrübende Nachrichten vom Befinden der „Fürstin Lori" gemeldet, heute zur Abwechslung in allen möglichen Variationen überallhin die angenehme Kunde bringen: „Froh verlebt ein Tag auf Schloß Wittingau!"

II.

Wien, 7 8. Juli (nachts).

Die Stunde der Abfahrt von Wien nach Wittingau am 7. Juli per Separatzug der Kaiser Franz Josef-Bahn war um 6 Uhr früh gegeben. Wer es ahnt, was dies für einen echten und rechten Juror bedeutet, der die Nacht vom Sonntag zum Montag etwa den Weg von Schwenders „Neuer Welt" bis auf die Landstraße, Hauptstraße, gemacht und wenige Viertelstunden später von da die Thurngründe aufsuchen muß, der wird begreifen, welch' ausgesprochene Steeplechase gestern „morgens" zwischen 5 und 6 Uhr auf allen Wegen, die nach der „Moßau" führen, von dahineilenden Jurors aufgeführt wurde. Doch es kamen alle glücklich ans Ziel und waren auch auf der ganzen „Bahn" dahin alle Hindernisse, wie vielleicht Cafés, „Likör"-Boutiquen und was sonst noch in die Quere kam, glücklich „genommen" worden.

Die bestimmte Stunde sah die Jurors insgesamt im buntesten internationalen Gemenge, darunter auch eine Anzahl „Prachttürken" und sogar zwei „Pseudotürkinnen" — Frauen in der Türkei angestellter rotbemützter „Deutscher" —, ein paar Amerikanerinnen und noch ein paar andere „Landwirtinnen", dann diverse Hof-, Ministerial- und Sektionsräte und ditto Sekretäre, Konzipisten ꝛc. der Ackerbau- und Nichtackerbaubranche, Landtagsabgeordnete, Schriftgelehrte ohne theologischen Hintergrund, d. h. deutsche Archivare und Urkundenforscher, Maler und Architekten, und schließlich eine Schar Journalisten — diese ganze, große und gewiß nur im besten Sinne des Wortes „sehr gemischte Gesellschaft" im großen Wart- und Büffettsaale des Franz Josef-Bahnhofes vereinigt. Nachdem der junge, liebenswürdige Sekretär der fürstlich Schwarzenberg'schen Zentralkanzlei, Herr Dr. De Castello, sein schwieriges Amt, allen in das Bestibül Hereinstürmenden sich als Expeditionsleiter vorzustellen, glücklich beendet und man einen kurzen Morgenimbiß zu sich genommen, wurde um die bestimmte Stunde das Zeichen zur Abfahrt gegeben und der ansehnliche Zug von über zwanzig Wagen brauste zur Halle hinaus.

In der animiertesten Stimmung, wie sie nur die Morgenluft eines duftig und sonnig sich anlassenden Sommertages zu bieten vermag, fuhr man denn hin durch die wunderherrlichen Gegenden, welche die Franz Josef-Bahn auf ihrer Strecke durchzieht.

Und was man da alles sah und an was man alles da gemahnt wurde! Da sah man das alte Greifenstein, wo einst der Trenk saß, bevor er nach Spielberg kam, dort wieder die bescheidene, zwischen Bauernhäuschen situierte Villa eines Wiener Journalisten, deren Namen wir nicht erfahren konnten — nennen wir sie „beim stillen Zecher" — und knapp daneben eine andere sehr „exponierte" Villa, die Villa Altenberg des Grafen Beust, der vorgestern eben von London via Linz hier ankam.

Bei Tuln, das uns freundlichst grüßt und mit seinem hinter der Kirche gelegenen mittelalterlichen Karner (Beinhaus) an Zeiten erinnert, in denen noch keine Spodiumfabriken bestanden, baut die Franz Josef-Bahn eine neue prächtige, eiserne Brücke über die hier 200 Klafter breite Donau.

Dort taucht Schloß Neu-Aigen des Grafen Breuner auf und drüber her sieht gar majestätisch der gewaltige Ötscher, auch der Dachstein wird sichtbar, „wo Tirol an Salzburg grenzt" u. s. w. der Berge mehr von Steier und von Kärnten.

Links am Hügel thront Stift Göttweih, im Mittelalter ein gar mächtig Haus.

So geht's fort, immer Neues, immer Interessantes. Wir durchfahren einen Park, die alten Grenadiere aus Blech gucken aus einer Baumgruppe zu uns herauf und von der andern Seite winkt uns vom Heldenhügel der Obelisk vom Grabe Radetzkys, Wimpfens und des Stifters — Parkfriebers.

Dort schaut Schloß Meissau des Grafen Abensperg-Traun herüber, wo tüchtig Safran gebaut wird; bei Limberg zieht ein Privater Weichselrohre, die er in großen Massen nach der Türkei exportiert.

Das alte Eggenburg mit seiner Trutzburg ist jetzt ein Bollwerk der Ligurianer, die hier ein Kloster haben.

Wir fliegen durch die Göpfritzer Lerchengegend, und indem wir uns nachträglich in den Wonnemond hineinträumen, in welchem hier die Lerchen so schön fangen und der uns den „Krach" brachte, gewahren wir Schloß Schwarzenau, als dessen Besitzer Baron Pereira genannt wird.

Wir sind in Gmünd, wo Erzherzog Sigismund ein reizendes Schloß sein Eigen nennt.

Und hier beginnt das Jury-Tagwerk mit der Vertilgung eines köstlichen Frühstückes, bei dem schon das edle Wittingauer Naß und der Schwarzenberger ihre Rolle spielten.

Nach allseits gründlichster Erwägung und Erforschung des nun — Dagewesenen verlassen wir die geplünderten Gaue der Bahnhofs-Restauration und stürzen noch ein Stehkrügel in die Gurgel und uns in die bezüglichen Waggons.. Wir haben nun schon die böhmischen Berge ganz nahe, dort am Hange liegt Grazen des Grafen Buquoi, bei Suchadol haben die Gebrüder Stölzle ihre Glasfabrik, wir kommen an Chlumetz vorüber, dessen Besitzer der Herzog von Modena, und plötzlich, mit einem Ruck anhaltend, wie das „feinste Wiener Zeugl", hält unser Zug in der Station Wittingau.

Da wird ein schlicht grau in grau gekleideter, gemütlich dreinschauender alter Herr sichtbar, neben ihm ein junger, in vollster Mannskraft stehender Lord-Sportsman, es sind die beiden Hausherren von Wittingau, Fürst Johann Adolf und Erbprinz Adolf Josef zu Schwarzenberg; sie begrüßen ihre Gäste. Rechts seitwärts erblickt man schöne, elegante Frauengestalten, die junge Fürstin Ida Schwarzenberg und ihre Nichten, die Enkelinnen der regierenden Durchlaucht, die Komtessen Waldstein.

Auf dem Vorplatze des Bahnhofes gegen die Stadt zu hält eine Wagenburg von an sechzig Equipagen, deren prächtige Rosse ungeduldig im Sande scharren. Die Wagen sind nummeriert, und da der „Altherr" nach der Liste der Geladenen seine Einteilung getroffen, wohin und wie jeder Gast nach Rang und Gebühr zu sitzen kommt, so giebt es da für den feinen Beobachter manch' ergötzliche Szene, die aber gleich einer rasch eilenden Federwolke sich in dem Momente verschiebt, da man sie mit dem Blicke festhalten will.

Endlich benimmt sich alles „sehr gesetzt"; der junge Fürst und der noch jugendlichere Graf Potocki besteigen ihre Reitpferde, und einen Jägerhornisten hinter sich, sprengen sie dem Wagenzuge voran.

Zunächst geht's auf fest gedämmter Straße nach der Meierei Dworetz, die den Besuchern trefflich eingerichtete Stallungen und den vorzüglich gehaltenen Düngerkompost weist. Von da wird über den Damm des Teiches Svet (Welt) hinweg und an der Dampfsäge vorüber die Meierei Berghof aufgesucht, die das berühmte Montafuner Rindvieh, nette kleine Stiere, ein fünffüßiges Kalb und dergleichen mehr in sich birgt. Auch giebt's da das frischeste, kälteste Brunnenwasser, doch nur zu geringem Bedarf für Menschen; für das Vieh muß Wasser zugeführt werden.

Weiter über einen Damm kommt man nach Mühlhof, wo der alte

Fürst am liebsten weilt und wo er fort und fort als praktischer Ökonom selbst
thätig ist; auf einer Waldwiese demonstriert man das Rasenbrennen, was
auf Thonpyramiden geschieht; die Asche, die so gewonnen wird, dient mit als
bewährtes Düngmittel.

Allüberall, wo wir vorbeikommen, ist Mutter Natur unterstützt und
gehoben durch mehrhundertjährige Pflege und Hilfe vielmögender Menschen-
hände, reich an prangenden Saaten, alles, Weizen, Korn, Gerste, Hopfen,
Grünfutter, alles, alles steht prächtig und zwischendurch als willkommene
Abwechselung der Fluren und Wiesen sind die mit aller Liebe groß und mächtig
gezogenen Eichenwälder, für die beim Geschlechte der Schwarzenberge seit Jahrhunderten ein eigenes Faible existiert.

Weiter geht es an prächtigen, frei weidenden Herden von Rindern,
Schwyzer Rasse, und Schafen vorüber nach der Dampfmühle und Bäckerei.

Wir biegen, erstere links lassend, rechts in den Thorweg des Hofraumes
der Bäckerei, wo der Artmann'sche Ofen in voller Thätigkeit ist und uns
Proben trefflich schmeckenden Dampfbrotes offeriert werden, das bald auf den
Wiener Markt gebracht werden soll. Nach Besichtigung der Bäckerei schreiten
wir über den unter den Rosenbergen zur Frischerhaltung der Teiche künstlich
angelegten Goldbach auf eine Wiese, wo sich uns ein hochinteressanter Anblick
eröffnet. Da ist das überraschendste im Arrangement einer Fischerhütte
geboten — ist ja doch die Teichwirtschaft einer der bedeutendsten Faktoren der
gesamten fürstlichen Wirtschaft in Wittingau und der Direktor Wenzl Horak
eine weitbekannte Autorität in Sachen der Teichwirtschaft.

Diese Fischerhütte, unter spezieller Leitung und Anordnung des
Erbprinzen hergestellt, zeigte uns alle Geräte, die zur Fischerei auf den fürstlichen Teichen im Gebrauche sind, in sinniger Verbindung mit Seeblumen und
Seegräsern, mit Fahnen in den weiß-blauen Hausfarben u. s. w., u. s. w.
An der Hütte, wie an dem benachbarten Zelte, das das Wappen der Schwarzenberge schmückt, halten Wache die fürstlichen Fischer, lauter Hünengestalten,
urkräftige Männer, deren nur 20—30 einen ganzen Fischzug von Tausenden
von Zentnern führen müssen, in ihren Lederwämsern und Lederstiefeln; solche
Männer hantieren dann auch an den Fischereigefäßen, den Tonnen, Fässern,
Reutern, der Wage u. s. w. und fischen immer wieder aus der Tiefe der Gefäße
die riesigen Musterfische, Hechte, Karpfen u. s. f. Ein nationales Terzett spielte
czechische Fischerlieder, wohl etwas weniger melodiös als die Schuberts, dafür
von dem urnationalen Instrumente, dem Dudelsack begleitet.

Es war ein lebensvolles Bild der großen landwirtschaftlichen Thätigkeit
der fürstlichen Domäne Wittingau, was hier geboten wurde. Kaum konnte man
sich von dieser Szenerie trennen, aber gebieterisch ertönte das Hornsignal und
nun eilte man zum Schlusse des Tagewerkes. Durch das in eine Ehrenpforte
umgewandelte Stadtthor, das gleich so vielen seinesgleichen in allen Landen

das „knarrende Sichschließen" längst verlernt hat und heute in neuer Form mit einer czechischen Aufschrift groß thut, zogen wir in die alte Stadt Wittingau, die mit ihren vielen alten Bauten uns eigentümlich anmutet, von denen wir nur eines **gemalten Hauses** gedenken wollen, das im Bilderrebus das Wort „Fiscal" aufgiebt. Es ging eilends zum Schlosse, wo nun der Besuch des **Archivs** erfolgte.

Hier bewunderten die staunenden Gäste, an 20 Gewölbe durchschreitend, die seltenen Schätze, die da aufgehäuft sind; man zeigte unter vielen anderem die **Handschrift** der sagenhaften **weißen Frau**, der Perchta von Rosenberg des Herrn Hansen von Liechtenstein Gemahl, die **Handschrift Wallensteins**, ein Siegel der Republik Tabor aus der Hussitenzeit mit Kelch, Dreschflegel und Sense, ein ganz merkwürdige Bittschrift einer Witwe aus dem Jahre 1611 an des Kaisers Majestät, die unter Beilage des Porträts ihres ermordeten Gemahles, an dessen Stirne die bluttriefenden Wundmale zu sehen sind, um die Verfolgung des Mörders bittet u. s. w., u. s. w.

Nach dem Archiv wurde noch die Bräuerei besucht, wo, wie zu Beginn der Hinfahrt, wieder der „Altherr" in der liebenswürdigsten Weise den Cicerone machte.

Dann folgte in der namentlich mit den zahlreichen Ehren-Medaillen des Fürsten sinnig geschmückten Malztenne ein superbes Diner, bei dem das nationale Terzett spielte, und der Geiger, ein kleiner böhmischer Homer, Rhapsodien von den fremden Fischmeistern, die nach Wittingau schauen kamen und sahen, daß sie nichts kennen, unter großer Heiterkeit der czechisch Verstehenden und nolens volens Mitlachen der Nichtverstehenden zum besten gab.

Als man zum Aufbruch blies, da schwang sich der lebenslustige Erbprinz auf den Kutschbock des ersten Wagens und hinaus zum Schloßthore ging die Pirutschade wieder dem Bahnhofe zu, wo man um 8 Uhr Abschied nahm, nachdem noch durch Vorschieben des Zuges gegen den Rosenberger Teich hin auch diese größte Merkwürdigkeit von Wittingau, wenn auch nur par distance und auf einen Augenblick in Augenschein genommen worden war. Der Abschied war herzlich, wie das Willkomm, und so lange der Zug sichtbar war, wehten ihm die Tücher der auf dem Perron erschienenen Damen Scheidegrüße zu.

Zur Anastasius Grün-Feier.
11. April 1876.

I.
Wald und Flur bei Anastasius Grün.

> Wie so das Böglein an der Beere pickte,
> Mußt' ich vom Baum, d'ran sie einst schwellte, träumen,
> Und dann vom Wald, aus dem der Baum mir nickte,
> Dann von den Feldern, die den Wald umsäumen.
> Anastasius Grün.

Das uralte deutsche „Osterfest" fällt heuer mit dem Jubelfeste des Dichters der „Fünf Ostern" zusammen, das Fest der „Auferstehung der Natur" mit dem 70. Wiegenfeste des ewig jungen Freiheitssängers, der wiederholt bei der Auferstehung der Freiheit in Österreich mit der Titanenkraft seines Wortes die Fesseln des dumpfen Grabgewölbes sprengen half!

„Ein Ostermorgen glänzt aufs Thalgefild" — ein Ostermorgen so schön, so bezaubernd schön, wie nicht bald; gehen wir denn hinaus in Wald und Flur, uns zu erheben, zu erfreuen an der Herrlichkeit der Natur; und wen könnten wir uns diesmal wohl als Begleiter erbitten, wen anders, als den gefeierten Poeten selbst, der die Göttliche so oft und so hoch gelobt und gepriesen in seinen unsterblichen Werken?!

* * *

„Im lustigen grünen Wald" Altenglands, da ragt die Heldengestalt des „alten geächteten und friedlosen" Robin Hood, von dem seine Nation seit Jahrhunderten singt und sagt, und dessen Thaten und Abenteuer Anastasius Grün im farbenfrischen Mosaikbild, in meisterhaften Balladen „im Schatten stämmiger Eichen zusammengestellt", gleichwie eine eigene Schöpfung wiedersingend dem deutschen Volke geboten hat. Auf Schritt und Tritt umweht uns da Waldesluft und Waldesduft.

> Manch einer, singt vom Gras, vom Gras,
> Manch einer vom Korn im Feld,
> Manch einer, der singt von Robin Hood,
> Weiß nicht, wo er kam zur Welt.
>
> Das war nicht in der Hall', in der Hall',
> Nicht im Saal von Farben bunt,
> Es war im lieben grünen Wald,
> Wo die Lilien blüh'n im Rund.

Und sein Lebenlang umrauschte den Helden der lustige grüne Wald, und

> Im Sommer, wenn der Hain sich schmückt,
> Die Blätter breit und laug,
> Ist's eine Lust zu lauschen dort
> Im Wald dem Vogelsang.
>
> Zu seh'n, wie vom Gebirg' herab
> Zu Thal die Hindin zieht,
> Und unterm grünen Waldesbaum
> Im kühlen Schatten flieht.

Im Walde feierte Robin Hood mit seiner Gefährten Schar die lustigen Schützenfeste; vom Walde zieht er zum Hofe der Königin Katharina und obsiegt seinen Feinden.

Und als er vorm Kloster Kirkleyhall zu sterben geht und zuvor noch aus seinem treuen Waldhorn drei schwache Stöße ins Rund läßt ziehen, da hört es alsbald der kleine John wohl unterm Waldesbach und eilt herbei. Robin Hood schied mit den Worten aus dem Leben:

> Legt unter's Haupt, legt mir zum Fuß
> Ein Rasenstück hinab.

Wie in der Nachdichtung der altenglischen Volkslieder Anastasius Grün es traf, „den frischen Schmelz des grünen Waldgrundes dem Urbilde ähnlich wiederzugeben", so gelang es ihm nicht minder meisterlich in der Übertragung der slavischen „Volkslieder aus Krain" den trautinnigen Verkehr des Volkes mit der Tierwelt in der ursprünglichen Naivität wiederzuspiegeln.

> Vögel Hochzeit feiern
> Auf dem Feld im Freien.
>
> Fink ist der Neuvermählte,
> Finkin ist die Erwählte.
>
> Festmeister ist der Geier,
> Nickt bei der Tafel statt zweier.

Brautmutter ist die Eule,
Kürzt sich am Tisch die Weile.

Wolf ist heute Metzger,
Drüben das Messer wetzt er.

Hase ist heute Kellner,
Bringt den Wein und die Teller.

Hausmagd ist die Katze,
Deckt den Tisch mit der Tatze.

Spielleute sind die Hunde
Mit dem breiten Munde.

Fliege tanzt mit der Mücke,
Geht die Welt fast in Stücke!

Fliege aber beim Holpern,
Bricht ein Bein im Stolpern.

Schickt um den Bader in Eile,
Daß er den Beinbruch heile!

Ehe der Bader sich sputet,
Längst die Fliege verblutet.

Schwarzamsel hat Provinzen neun — das erste Land heißt Föhrenhain, das zweite Land heißt Ulmenreich, das dritte Weidenzweig, das vierte Erlenstatt, das fünfte Haselblatt, das sechste Eichenwald, das siebente Buchenhald, das achte Ahornast, das neunte Lindenrast.

Schwarzamsel singt gar schön
Auf des grünen Buchbaums Höh'n;

Späht empor ein Jägerknab',
Schösse sie so gern herab.

„Jägerknab', o schone mein,
Will noch froh des Lebens sein!"

Schone sein der Länder und der Liebchen wegen, deren er drei zu eigen hat!

Aß mit der ersten Backwerk süß,
Mit der zweiten Braten vom Spieß,
Mit der dritten trockenes Brot,
Beste Kost ist trockenes Brot!

Schlief mit der ersten auf Polstern nett,
Mit der zweiten im Federbett,
Mit der dritten im Farrenkraut,
Bestes Bett ist Farrenkraut.

„Die Wanderer stehen erstaunt zu lauschen im hehren Bann der Einsamkeit, der grünen Wipfel Wellenrauschen zieht über ihren Häuptern weit, als stünden sie im Schloß der Fee auf tiefstem Grund im Alpensee, dazwischen schmettern, jauchzen, schallen der Waldesvöglein Liederspiele, als ob ins leise Wogenwallen ein Katarakt von Gesängen fiele."

> Horch! Donnerknall und Widerhall!
> Im Forste dröhnt von Zeit zu Zeit
> Der ältesten Urwaldbäume Fall,
> — Die Patriarchen, nicht vom Leib
> Gefällt, nur von der Wucht der Zeit.

Mit welch' unübertrefflicher Naturwahrheit und Gestaltungsfülle hat Anastasius Grün das Leben des Waldes weiter geschildert im „Pfaff vom Kahlenberg", wenn er an anderer Stelle fortfährt:

> Da regt sich der junge Tannensproß,
> Als ob er atme und Arme rege:
> Ein Jäger ward's mit Stab und Geschoß,
> Er klimmt empor die Felsgehege.
>
> Da rührt sich der schwarze Grottenspalt,
> Erstarkt zum Körper und wird Gestalt,
> Ein Bergmann ist's mit Schurz und Hammer,
> Er fährt zur dunklen Grubenkammer.
>
> Da reckt sich der dürre Strunk am Wege,
> Ein Holzknecht wird's mit Beil und Säge,
> Er wallt zum Schlag dem schlachtfeldgleichen.

Und die „Königin" unter den Jagden, wenn dies Wort erlaubt, die „Gemsenjagd", er hat sie „im letzten Ritter" mit wenig Worten erschöpfend charakterisiert:

„Der Max von Habsburg auf lust'ger Gemsenjagd

> Der schwingt sich auf und klettert im pfeilbeschwingten Lauf,
> Hui, wie das geht so lustig durch Kluft und Wald hinauf!
> Jetzt über Steingerölle, jetzt über tiefe Gruft,
> Jetzt kriechend hart am Boden, jetzt fliegend durch die Luft."

Von den tausend und abertausend Jagdgeschichten und Jägeranekdoten, die wie die Pfeile Robin Hoods durch die Wälder schwirren, hat Anastasius Grün die Geschichte von den „ledernen Hosen" in den „Spaziergängen eines Wiener Poeten" künstlerisch verwertet und verewigt, die Geschichte, wie den Ritter, der des „frommen Luther neuer Lehre" zugethan, des Sonntags statt in die Messe in den Wald zog, sich den „Edelhirsch" zu schießen, heimkehrend der Pfarrer mit des Kaisers Edikte überrascht, das für den Jäger, der die Messe schwänzt und zur selben Zeit des Waidwerkes sich befleißt, eine Strafe setzt von 100 Goldbukaten.

Darauf der Ritter lächelnd:

Doch mir bleibt die Haut des Hirschen: im Edikt steht nichts von ihr!
Heil dem übergnäd'gen Kaiser, der uns doch die Haut will lassen!
Seht, vielleicht zu einem Wamse oder sonst was kann sie passen!"

Oder sonst was!

Der Ritter läßt sich hohe lederne Hosen machen, in diesen erscheint er nach Jahren vor dem Kaiser und spricht:

In den theuersten Gewändern, Herr, beschied man uns heran,
Drum die köstlichste und schönste meiner Hosen zog ich an,
Denn mit hundert goldnen Füchslen mußt ich sie euch selbst bezahlen;
Wer noch kann mit solcher Hose und mit solchem Schneider prahlen?

Zurück mehrere Jahrhunderte in der Geschichte der Weidmannslust, zur „Reiherbeize" führt uns Anastasius Grün im „letzten Ritter", zu jener unglücksvollen Reiherbeize, auf der 1482 die „reiche Erbin von Burgund", die Herzogin Maria, Maximilians nie vergessene Gattin ihr Leben verlor.

Die „Beize" selbst schildert der Dichter wie folgt:

Am Arm saß ihr ein Falke. Ob seinem weißen Gewand
Ward er bei Hofe scherzweis der Dominikaner genannt.
Ein schwarzes Käppchen bedeckt ihn, er trug ein silbernes Collar,
Drauf das Wörtlein „Aufwärts!" in Gold zu lesen war.

Weit dehnt sich eine Heide, da grünt kein schatt'ger Baum,
Nur Dorngestrüppe wuchert zerstreut im öden Raum,
Zur Linken ein Weiher, des Reihervolkes Bad,
Da möchte er sein Gefieder, sich selber zum Verrat.

Jetzt rauscht es in den Wellen, es kreischt aus dem Schilf hervor,
Und rechts und links hin fliegen verscheuchte Reiher empor.
Die mutigen Falken steigen, vom Arm der Jäger schwebend,
Gleich Wünschen der Menschenseele, sich himmelan erhebend.

Und jeden Jägers Auge will mit den Falken zieh'n;
Wie die in Lüften stoßend zur Rechten und Linken flieh'n,
So sprengen flink da unten die Reiter kreuz und quer,
Es dröhnt die bebende Heide, Staub wirbelt darüber her.

Weit dehnt sich eine Heide!

Zu einem der schönstgedachten und ausgeführten „Gedichte" Anastasius Grüns hat die „Heide" selbst die Szenerie geliefert.

Zwei Ritter, Freunde, reiten über eine Heide; anfänglich beide stumm, denn sprach auch dieser hier aus das Wort, längst fühlt's und denkt's der andere dort, nur weil so todesstumm die Heide, fährt mählich Redelust in beide, sie reden, werden heftig und immer heftiger und mit dem Zweikampf und mit dem Tode beider endet ihr Ritt über die Heide und der Dichter zieht die Moral:

>Ich meine, die Schuld an solchem Leide
>Trägt nur die öde stumme Heide;
>Wenn sie geritten im Palmenhain,
>Sie würden zur Stunde noch Freunde sein;
>Wenn sie geritten im Blumenhage,
>Sie ritten wohl noch am heutigen Tage.

Treten wir von der Heide in des Dichters wohlgepflegten „Park"; im Tepidarium begrüßen wir mit ihm die „erste Palme", deren „Krone" lustig schwankt am schlanken Schaft „wie Pfaugefieder", wir bewundern „Tasso's Cypressen", wir sehen die „Zedern jung im Wuchse stehen" und Welschlands „Pinie", die zu des Warmhauses Fenstern hinaus grüßet, Deutschlands „Tanne", die am Hügel dort ragt.

Und zu der Tanne Füßen breitet sich ein köstlicher Baumgarten, „wo um Mitternacht Zwiesprach halten die Bäume" und „predigen beim Sternenlicht", der „lohende Rosenbaum" und die „schlanke Pappel" und die „Weide mit wallendem Haar", der „reiche Pflaumenbaum" und der „hohe stolze Eichbaum", an dem sich die Epheuranke „nur um so inniger füget," und nach dieser „Baumpredigt" beginnen die Sänger des Waldes und der Luft ihren Choral.

„Romancero der Vögel!"

Morgen ist's! Nun um die Hügelwand wir biegen, sehen wir ein Dörflein vor uns liegen inmitten grüner Wiesenmatten, umrauscht von waldiger Berge Schatten,
>Am Hügel dort welch' Volksgedränge,
>Welch' seltsam Singen, welch' sondre Klänge!

Der „Maigraf" er ist eingezogen,
>Zu segnen Flur und Saatenwogen;
>Jetzt thront er hoch, nach Recht zu richten,
>Der Jahreszeiten Streit zu schlichten.
>Unfern dem Thron steht eine Maid,
>Umflort vom leichten Sommerkleid,
>In goldnen Wellen ihres Haares
>Die Erstlinge des Blumenjahres:
>Es schmiegt sich an ihr Mieder lose
>Ein Zweig der schönsten Alpenrose:
>Ein Körblein hängt an ihrer Linken,
>Draus gelbe Weizenähren blinken
>Mit Gartenfrüchten mancherlei.

„Ei Sommerszeit!"
>Fliegt eine Lerch' empor in die Sterne
>Mit einem goldenen Weizenkerne,
>Als ob ein Engel am Sterbetage
>Die gläubige Seele zum Himmel trage,

Und wie der Engel des Schützlings Ringen
Beginnt sie des Körnleins Preis zu singen.

„Wie im Hülsenbett dieses Bauernkindes Wieglein schaukelten Luft und Wind, wie es der Regen hielt in Tauffteins Wogen, wie es die Sonne im Lichte hat erzogen und wie es gediehen in Schaft und Korn, ward geknickt, getreten, geschnitten, geschlagen, zerstampft, wie so viel es gelitten und wie der „Herr" dann sprach:

Mit Strahlen sei jede Ähr' umlaubt,
Ein Heiligenschein dem Märtyrerhaupt!

Ich selber bilde, den Preis zu mehren,
Den eigenen Leib aus dem Kern der Ähren,
Und segne die Saat, die im Wind sich wiegt,
Und segne die Hand, die am Pfluge liegt.

Und diese Ähre, wie unglücklich macht sie im „Schnitt" den Gefangenen, der sie aus dem Strohbett zieht und, sie in Händen haltend, wie durch einen stillen Zauber ein Feld voll Garben sieht und die Schnittermädchen, „aus den Wogen springend der Meeresgöttin Dienerschaaren" und blanke Dörfer rings und grüne Hügel, darüber hin der ewige Himmel blauend, und den Reigen der Burschen und Dirnen um die Linde gezogen und farbige Kränze auf den Garben,

Ich fasse einen, um in eines süßen
Geliebten Hauptes Locken ihn zu schmiegen,
Da rasselt mir am Arm die Kett' entgegen,
Der Hand, der bebenden, entsinkt die Ähre,
Du dürrer Halm, nie hätt' ich's denken mögen,
Daß ich durch dich einst noch so elend wäre.

Was der dürre Halm verschuldet, es macht das Vögelein wieder gut, das, auf des Gefangenen Fensterreisen sich setzend, mit des Waldes Purpurbeeren im Schnabel ihn süß träumen läßt, von Baum und Wald und Feld, von Strom und Meer und Ländern und von den Sternen dann, die „Meer und Land umkreisen".

Und der „geistig Gefangene des Vormärz", den jeder Halm, jede Beere der Geistesfrüchte des Auslands mit tiefem Schmerze erfüllte, er richtet in den „Spaziergängen" „an den Kaiser" die flehentliche Vorstellung und Bitte:

Deine Lande steh'n voll Segen, reich und schön wohl ringsumher,
Frei und reich in gold'nen Wogen wallt der Saaten weites Meer,
Sieh, wie stolz die Wälder rauschen, wie die Reben saftig glüh'n,
Voll Metall die Berge ragen, segelreich die Ströme zieh'n!
Und dein Volk wie ganz dem Boden, nur an Freiheit ach nicht gleich!
Sieh die edlen Keim' und Blüten, so gesund, so schön und reich!
Herr, sei du der Frühlingsodem, welcher frei sie wachsen heißt,
Sei die Sonne, die sie reifet und darüber segnend kreist!

O dann wird das Volk auch blühen, wie die Fluren rings umher,
Und sein Geist wird Ähren tragen, inn'ren Marks und Kernes schwer,
Wie die Rebe wird er sprießen, die sich frei und fröhlich schlingt,
Und wohl auch als Hochwald grünen, der manch' Blatt zum Kranz dir bringt!
Herr, gieb frei uns die Gefang'nen: den Gedanken und das Wort!
Sieh, es gleicht der Mensch dem Baume, schlicht und schmucklos grünt er fort!
Doch wie schön, wenn der Gedanke dran als bunte Blüte hängt
Und hervor das Wort, das freie, reif als goldne Frucht sich drängt!

II.
Weinranken um Anastasius Grüns Dichtungen.

> Wo ein Beginnen soll gedeih'n
> Als Zeuge steh' ein Becher Wein;
> Am Fürstentag, beim Völkerbund,
> Am Wiegenfest, beim Erntetanz,
> Geträufelt tief zum Stein im Grund,
> Geschwungen hoch vom Giebelkranz!
> Es schmelzen erst an seinen Flammen
> Die Freundesherzen recht zusammen.
> Anastasius Grün.

Beim Jubelfeste des Sängers der Freiheit und der Wahrheit — Anastasius Grün — (Anton Alexander Graf Auersperg feiert bekanntlich am 11. April sein 70. Geburtsfest) — darf unter den Festgewinden all auch nicht fehlen „die Rebe als Guirlande", und da Dichter immer etwas Apartes für sich haben müssen, so möge es uns gestattet sein, ihm zu Ehren einmal im Lenze eine „Lese" zu halten.

Es wird eine Lese sein unter den üppigen, an goldigen Früchten reichen Rebendächern, unter denen Auerspergs Muse herzerquickend thront und wo um den Leib der Göttin frei sich schlingen die saftiggrünen Weinranken des dichtenden Genius und kredenzt wird im kristallhellen Becher die Marke: „Libertas".

* *

Im „Schutt" führt Anastasius Grün uns zum Zirkus, wo ob einer dunklen Zelle verfallnem Thor winkt aus der Quadern Rissen ein Blütenstrauch, gerankt gar fröhlich helle, wie einer Schenke Kranz mit lust'gem Grüßen!

> Ein Wort durchschlängelt dort den Stein der Wände
> „Libertas" heißt's — — — — — — — — —
> — — — — — — — — — — — — — —
> Wie aus dem Becher Weins des guten, alten
> Die Sehnen Kraft und Mut die Herzen saugen

so tränken wir aus jenem Wort mit freiem Licht unser wonnetrunken Auge.

> Du schöner Spruch vorm Thor, den fremden Gästen
> Log nicht dein Zeiger, der gewinkt zum Weine!
> Ja hier ist Wein! Und zwar vom stärksten beiten!
> Hier wird geschenkt der Tausendjähr'ge Reine.

Die „Perle der Freiheit"!

Und wie die Freiheit nicht kennt die Dienstbarkeit, so will auch das treue Ebenbild die Rebe mit ihrem Safte und ihrer Kraft selbst und allein die Herrscherin sein und auch nicht scheinbar zu jemands Folie dienen.

Wunderherrlich hat Auersperg diese Eigentümlichkeit des „Weins" charakterisiert in derselben Dichtung.

> Am Hochaltar, umflammt vom Kerzenglanze,
> Strahlt in des Priesters Hand die Goldmonstranze,
> Um die als Kranz, aus laut'rem Gold gegossen,
> Ein Rebenreis und eine Ähre sprossen.
> Traun solche Huldigung wie beiden diesen
> Ward keiner Reb' und Ähre je erwiesen!
> Seht jetzt erhebt der Priester die Monstranze
> Mit ihrem goldnen Reb= und Ährenkranze.

Und alles Volk sinkt auf die Knie im Kreise, doch die Rebe denkt da still:

> O könnt' ich sprossen
> Auf steilem Hügelrain bei den Genossen,
> Wie sie vom Fruchtkorb schwer den Rücken neigend
> Und selbst das Knie in stiller Andacht beugend.

Die Gewalt, mit der das Rebenreis Geister und Herzen der Menschen umfängt, der Dichter hat sie zum Ausdruck gebracht in den Worten:

> Die Trommeln wirbeln und die Fahnen wehen,
> Ja herrlich ist's im Feld des Ruhms zu sinken!
> Ei hätt' ich nur die Traube nicht gesehen
> So schön und voll an grüner Hecke winken.

Der Wein er bezwingt den Sieger, der ganz in Eisen tritt ins besiegte Land und diesem noch lange weisen will die harte eherne Hand; der „Sieger"

> Er hebt im Stahlgewande
> Den Kelch mit Wein gefüllt,
> Der ringsherum im Lande
> Von sonnigen Hügeln quillt.
> Er tränke gern vom reinen,
> Da hemmt ihm sein Visier,
> Ein Mundkorb will's ihm scheinen,
> Da löst er die läst'ge Zier.

„Entwaffnet ist der Held", und von „Rebguirlanden gekettet"!

Wie man Vergessen trinkt aus dem Weine, wer vermag es so präzis und lebenswahr zu schildern, als Anastasius Grün, wenn er sagt:

> Ich wallte durch des Gartens Duftgelände,
> Da schmückt einst eine Sonnenuhr die Wände,
> Drauf stand in schwarzer Schrift die trübe Kunde:
> „O Mensch, du kennst weder Tag noch Stunde."

> Doch Reben ranken jetzt um Zahl und Zeiger,
> Dran eine Traube hängt als Schenkenzeiger,
> Die dichten Ranken säuseln lust'ge Kunde:
> O Mensch, du kennst jetzt wahrlich nicht die Stunde.

„Des Zechers Grab" es zählt zu den schönsten bilderreichsten Gedichten unseres gefeierten Sängers und ist darin der selbstgewählte Vergleich zwischen Zechern und Dichtern, denen beiden „ein süßer Taumel hebt die Schritte", treffend durchgeführt.

Am Bach tief unterm Klippenhang ein Kreuz von Holz spricht noch davon, daß ein bezechter Alpensohn sich hier zu Tod gefallen; es ruft aus der Abgrundstiefe dem Dichter dumpf eine Stimme entgegen:

> Zechbrüderlein hilf mir doch aus
> Dem Felsenkeller wallen!
> Sieh, in ein leeres Faß, o Graus,
> Bin ich dahier gefallen!

> Durchs Spundloch leuchtet karg und gelb
> Der Tag in meine Tonne:
> Dein Himmel ist mein Faßgewölb',
> Mein Spundloch deine Sonne!

> Und wenn dies karge Licht verschwand,
> Dann funkelt Weinsteinglimmer
> An meines Fasses dunkler Wand,
> Du nennst es Sternenschimmer.

> Was rauscht da? Weinflut hör' ich voll
> Aus offnen Zapfen jagen!
> Dir ist's ein Bach! Kein Wasser soll
> Sich doch zu mir nicht wagen!

> Träum' ich im grünen Friedhofraum
> Bei Brüdern und Gespielen,
> Wo Engel unserer Stirne Saum
> Mit Tannenreisern kühlen?

> Kein Weinlaub seh' ich über mir
> In Kränzen lieblich schwanken!
> Sprich, oder weh'n um Klippen hier
> Nur lose Epheuranken?

Ach und zerfiel sich nicht mein Leib
An Klippen und in Lüften?
Wie Weinesblüt' und Most zerstäub'
Er froh in Schaum und Düften.

Doch du, herabgeneigt zum treu'n
Vasallen mächt'ger Fässer,
Dein Rausch von Lenz und Sonnenschein
Ist er so gar viel besser?

Wohl bist, wo strauchelnd ich geschwankt,
Du sacht vorbeigeglitten;
Doch bin ich oft, wo du gewankt,
Aufrecht und fest geschritten.

Zu einem andern gleich trefflichen Bilde, zu einer gleich trefflichen metaphysischen Betrachtung bietet dem Dichter der Wein gleichfalls erwünschten Stoff.

Ja zweierlei ist Schal' und Kern,
Den Spruch hab' ich erwandert

ruft Anastasius Grün aus und demonstriert dessen Wahrheit gleich im Eingange des Gedichtes „Kern und Schale" schlagend mit dem Doppelbild:

Ein Schenkhaus draußen schlicht und klein,
Ein dürrer Kranz als Zeichen!
Doch drin voll kühlem goldnem Wein
Ein Keller sondergleichen!

Am Fenster manch zerbrochner Topf,
Drin blüh'nde Rosen schwanken!
Am Schenktisch manch ein ernster Kopf,
Drin fröhliche Gedanken.

Diese Keller voll kühlem goldnem Wein, er hat sie auf seinen Dichterfahrten in aller Herren Länder getroffen, er hat die umfassendste „Weinkost" vorgenommen auf Cypern und in „Hellas", an der Rhone Strand und an den Ufern des Vaters Rhein, auf Italiens blumigen Gefilden und am blauen Donaustrand, im heimatlichen Unterkrain und in Altenglands „lustigem grünen Wald" als „Zechgenosse" Robin Hoods!

* * *

Des Weins von Cypern Güte und Fülle führt uns der Dichter in der Legende von St. Hilarion vor.

Auf Cypern ist es Lesenszeit,
Der Jubel jauchzt von den Hügeln weit.
Vor seinem Weinberg steht ein Mann,
Sieht sich die Fülle behaglich an,

Die Rebenreih'n voll blauer Frucht,
Fast bricht den Stock die süße Wucht,
Die durstigen Schläuche, trunkbereit,
Die Kufen und Krüge welthingereiht.

Er denkt an das Töchterlein daheim, das ihm vor drei Tagen geboren worden und es leuchtet über sein Angesicht wie freudiges Sonnenlicht.

Und aus der bauchigen Krüge Schar
Wählt er die größten, wohl fünfzig Paar:
„Ihr Bänste zecht mir vom köstlichsten Wein,
Bald sollt ihr wie Tote begraben sein:
Im Erbengrunde gährt und ruht
Einst Altersmilde mit Jugendglut."

Bis das Mädchen „blüht als liebliche Braut", dann mögen, setzt er bei, diese hundert Krüge ans Licht kommen und die Herzen mit Lust, die Kisten füllen mit Gold.

Da er so spricht, wandelt vorbei St. Hilarion, diesen lädt der Herr des Weinbergs ein, mit etlichen Freunden zu kommen „morgen zur Vorkost", „eh der Winzer die Trauben faßt".

Hilarion kommt des nächsten Morgens, aber mit einem ganzen Heer von Priestern, Kindern, Bürgern und Soldaten, dem Manne däucht

Es sei um seinen Weinberg gebannt
Der ganze Lehr-, Nähr- und Wehrestand.

Und als es nun aus Kosten ging,
Zu tief, zu hoch kein Träublein hing.
Der keltert im Helm den süßen Most,
Der stopft die Kapuze mit Traubenkost,
Heim denkt ein dritter an Weib und Kind
Und füllt die Tücher und Taschen geschwind,
Bis man im Weinberg nur hie und da
Manch Beerlein an dürren Kämmen noch sah:
Wo hundert Winzern Tagwerk g'nug,
Gibt's Arbeit kaum für zwei mit Fug.

Da ziehen Wolken um des Weinbergs-Herrn Angesicht, indem er des Töchterleins gedenkt; Hilarion aber, der auf des Berges Gipfel stand, er bittet Gott, den nicht verdursten zu lassen, der andere tränkt und die lechzenden Krüge zu schwellen, wie er einst auf Kanaan's Hochzeit gethan. Und er wird erhört; die Winzer geh'n ans Werk und es geht dabei seltsam her.

Die dürren Kämme wiegen so schwer
Noch hie und da in Blättern versteckt
Manch Träublein schalkisch die Suchenden neckt.
Und wie sie das Laub hinweggedrängt
Dahinter noch Traub' an Traube hängt,

> Zuweilen scheint's, sie schnitten vom Stab
> Dieselben Trauben schon zwölfmal ab,
> Bis Kufen und Schläuche vollauf versorgt
> Und Nachbar dazu noch die seinen borgt!

Von Cypern nach Hellas.

In den „Erinnerungen an Adria" bildet eines der goldigsten Blätter: „Hellas"!

Der Dichter ermahnt, die Griechenjugend andere Weisen zu lehren, ein ander Lied statt des Blutlieds, ein Lied von dem Kampfe, in den das Eisen gegen die spröde Scholle zieht!

> Laß es klingen, wie im Thale
> Deiner Schnitter Sichelklang,
> Wie der Becher Ton beim Mahle,
> Wie von Bergen Winzersang!
>
> Säuselnd wie das Blattgewebe
> Jenes Kranzes dicht belaubt,
> Welchen Ölbaum, Lorbeer, Rebe
> Schlingen, Hellas, um dein Haupt.

Ruhig, klar und grün geleitet das Meer uns nach Frankreich zu den Rebenhügeln des „grünen Rhonestrandes".

Begeistert ruft mit Recht der Franzmann:

> Schön seid ihr, der Provence grüne Thale,
> Mein Heimatland, mir oft im Traum gegrüßt,
> In das, gleichwie in eine goldne Schale
> Der Reben Born von sonn'gen Hügeln fließt!

Und du, Nachbarland Italien, bist nicht minder des Lobliebs wert, frohbegeistert grüßen wir dich, denn

> Es schlangen sich Rebengewinde
> Von Palme zu Palm empor,
> Draus blickten purpurne Trauben
> Wie küssende Lippen hervor.

Im Geiste des Dichters schlingt sich aber die Weinranke aus dem Welschland nach dem Deutschland hinüber. Er läßt seinen „Schutt" ausklingen mit einem Epilog, der also anhebt:

> Wie der Somma Reben sprießen
> Auf Besuv'schen Schuttgerölle,
> Als ob eine Saat von Grüßen
> Aus versunknen Tempeln quölle!
>
> Wie zu Worms der Reben Kette
> Um den Dom der Liebenfraun
> Reich sich rankte, an der Stätte
> Der verbrannten Klosterbaun.

Südens Reben, Nordens Reben
Laßt empor die Ranken schießen,
Daß sie riesenhoch sich heben,
Beider Wipfel sich umschließen!

Wölbt euch dicht und schön zur Laube
Für die Freunde und den Dichter!
Südens Traub' an Nordens Traube
Und dazwischen Sonnenlichter!

Freunde, laßt uns lagern drunter,
In dem grünen Dom der Zecher,
Keltert von den Trauben munter
In die tiefen, goldnen Becher!

Und es werden selbst die Frommen
Traun! uns nicht zu schelten taugen,
Da durch Christi Thrän' entglommen
Milch der Liebenfrau wir saugen!

Wir sind beim „Vater Rhein"!

Juchhei, dort blüht der Gau, wo Reben
Ein kaiserlicher Winzer band!
Da lockt manch Weinlaubkranz zum Strand,
Und Land und Volk gefällt ihm eben
Und ihm auch sind sie alle gut,
Dem frischen, freien Schweizerblut.
Da prüft er jede Becherforte,
Er kann nicht fort vom Zauberporte;
Schenk' ein, trink' aus! o süße Glut,
Bei Ringeltanz und Klang der Zither
Er jauchzt und wirft im Übermut
Sein Römerglas am Fels in Splitter.
Dann taumelt er durch Klippengänge,
Ellbogen brauchend im Gedränge,
Weinselig fort — — —

Da sind die Fluren gottgesegnet,
Das ist der alte deutsche Rhein!
Von der Gefährten Lippen regnet
Kein andrer Reim, als Wein und Wein!

Wie kommt's, daß diesen nun ich fände,
Den härt'sten von den Reimen all?
Daß ich am grünen Rebgelände
Rückschau zum grauen Festungswall?

Der „Festungswall", er läßt uns des „Weiheschwerts" gedenken, des Schwerts aus den „Befreiungskriegen", das der deutsche Mann von Franzosenblei durchschnitten in Reben am Rheine hingesunken mit der Spitze in den

Boden bohrte und von dem der deutsche Dichter lange vor dem jüngsten Werke der Einigung Deutschlands, der Befreiung Deutschlands sang:

> So muß das Schwert als Kreuzbild ragen,
> Drob Reben wölben die Kapelle,
> Durch die durchbrochne Kuppel schlagen
> Vom Himmel Sonnenlichter helle.

Und aus den Sterbeseufzern des gefallnen Biedern hört der Poet den heißen deutschen Sehnsuchtshall:

> O daß sich — wie im West erstanden
> Ein Held in Ruhm und Haß — erhübe
> Gewaltig einst in deutschen Landen
> Ein Held der Ehre und der Liebe.

daß er nähme das Schwert

> Und schwinge er's wo in deutschen Landen
> Von einem Berg nach den vier Winden,
> Sei neu die tote Saat erstanden,
> Soll neue Glut die Rebe zünden.
>
> Längst ist das Schwert versenkt, verloren,
> Umrankt ist von der Reben Wucht es;
> Doch wird dem Schwert sein Held geboren,
> Dann holt es ihm, geht hin und sucht es!

Der „deutsche" Dichter hat es erlebt, es ward gesucht und gefunden!

Die „Poesie des Dampfes" konnte er in neuer Nutzanwendung feiernd preisen nach den rasch einander gefolgten „deutschen Siegen" und begeistert wiederholen:

> Ich will indeß hinab die Bahn des Rheines
> Auf schwarzem Schwan, dem Dampfschiff, singend schwimmen,
> Den Becher schwingend voll des goldnen Weines
> Dir, Menschengeist, den Siegeshymnus stimmen!

Beim Völkerbund steh' der Becher Weines als Zeuge sowie beim „Fürstentag".

Beim Fürstentag! Anastasius Grün führt uns im „letzten Ritter" zur Königskrönung Maximilians. Zu Aachen

> Im hohen Kaisersaal
> Da sitzen die Herrn und Fürsten beim heitern Krönungsmahl,
> Aus Silberurnen rieselt der kühle Wein hervor
> Und blaue Wölkchen kräuseln aus goldnen Schüsseln empor.
>
> Der Pfälzer schwang den Becher und scherzend hub er an:
> Hoch Vater Rhein! Ihr Herrn, wer ist's der's rühmen kann,
> Er seh' solch edles Kleinod in seinem Lande stammen,
> Das so wie meine Reben die Herzen mag entflammen?
>
> Da priesen in der Runde die Fürsten Thron und Reich,
> Der alte Kaiser Friedrich pries hoch sein Österreich.

Die Rebgelände Österreichs sie sind gefeiert mit Recht seit urdenklichen Zeiten in der Heimat und in der Fremde.

Der „Osterwein", der im „Pfaffen vom Kahlenberg" aus dem Gestein des Kahlenberger Felskolosses am Fuß der Herzogsburg hervorquellend geschildert wird, er ward verführt und wird heute mehr denn je verführt in alle Lande.

> „Viel goldne Rebgelände breiten
> Den weiten Kranz ums Donaubette,
> Als ob hier Fluß und Weingott stritten,
> Sich überbietend in die Wette:
> Die Weinflut scheint zu überschwellen
> Im Katarakt von Hügelwellen."

An der „schönen blauen Donau" hat Anastasius Grün den romantischen Zauber kennen gelernt, den die „Blume des Weines" auf des Menschen Geist und Herz ausübt; hier hat er es erkannt, daß „den Menschengeist an eigne Bahnen vorbildlich will solch Träublein mahnen".

Er schildert im Pfaffen vom Kahlenberg „**des Weines Art**":

> Wenn ihr ins Grab die Rebe scharrt,
> Sie wird im Lenz doch aufersteh'n
> Mit frischem Aug' ins Licht zu späh'n;
> Und ob ihr um den Fruchtbaum leise
> Nach welscher Art empor sie windet,
> Ob ihr sie fest nach deutscher Weise
> An nieder schnöde Stöcke bindet —
> Doch nur nach eigenem Behagen
> Wird sie die neuen Ranken schlagen.
> Wenn ihr die Frucht habgierig brecht
> Und ihr zu Leibe geht mit Messern,
> Dabei euch in die Finger stecht
> Und euer Blut den Most will wässern;
> Und wenn ihr dann den süßen Raub
> Mit euren morschen Knütteln schlagt,
> Mit Füßen tretet, Kot und Staub
> Hinein von euren Pfaden tragt,
> Ihr schändet's nicht! ein feurig Gähren
> Wird des Unreinen ihn erwehren:
> Hat er's im Herbst nicht ganz vollbracht,
> Wird's neu vom Lenzstrahl angefacht!
> Nicht ruht das edle Zorngewitter,
> Bis er den Staub, das Blut, die Splitter,
> Die Erdenteile von sich warf,
> Und was er sein soll, werden darf
> Klarheit und Milde, Geist und Licht
> Der Menschheit lauterstes Symbol!

Wie sinnig schildert Anastasius Grün weiter in derselben Dichtung die poetische Sitte der **Johannisminne**:

> O schönes, feierliches Trinken!
> Der Gastfreund prüft an eignen Lippen
> Den Abendtrunk, womit er ehrt
> Den Fremdling, der ihm eingelehrt;
> Den Gast anheimelt's traut und lind,
> Nicht fremd mehr, nein des Hauses Kind
> Wird, wer des Hauses Becher leert;
> Tapetenbilder, Säulen, Wand,
> Das ganze Haus ihm traulich bekannt,
> Des Wirts Erzählen rührt ihm leise
> Das Herz, wie eigenes Erleben;
> Selbst um sein Schlummerkissen weben
> Des Hauses stille Geisterkreise.

Erschöpfend ist die Schilderung des Winzerfestes, zu dem der Fürst von Neuburg die Klosterherrn hat geladen.

Klosterneuburg selbst mit seinem weltberühmten Faße ist vom Dichter darin mit den Worten verherrlicht:

> Wenn je dein Aug' das große Faß
> In Neuburgs Klosterkeller maß,
> Ist Hebrons Segen dir kein Wahn,
> Die Traube Kalebs dir kein Märlein,
> Du sahst ja selber dort das Beerlein
> Der heiligen Traube von Kanaan.

Und über Wien als Stadt des Weines stimmt der Dichter an anderer Stelle folgende Dithyrambe an:

> Sieh voll Rosen auf und nieder
> Jeglich Stockwerk jetzt und Haus,
> Denn die Rosen und die Lieder
> Heißt es gehn in Wien nie aus.
>
> Straßen blinkend voll Paläste,
> Keller voll von süßem Wein,
> Schenken voll Musik und Gäste,
> Darfst um uns besorgt nicht sein.

Aber trotz des überschwänglichen Reichtums an heimischen Reben, ward im gastlichen Österreich überall die fremde Rebe stets aufgenommen und konnte ihre Ranken in die Ranken der heimischen schlingen und neben den Humpen und Bechern voll des funkelnden Eigenbaues kreiste immer auch der Ausländer in fröhlicher Runde.

Der „Malvasier" und der „wälische Wein" sind an den Höfen der Babenberger und Habsburger, sind auf den Tischen des Wiener Bürgers alter Zeit, und z. B. beim trainischen Volke — in dessen Liedern das Böglein „Malvasier" und des Helden Leibpferd „welschen Wein" trinkt — so beliebt gewesen, wie heute Champagner, Bordeaux, Johannesberger und Moselwein bei uns, sowie „Robin Hood" im lustigen grünen Wald Altenglands eine Flasche Rheinweines trank aufs Wohl der Königin.

Denn das „dreifach Hoch" von des Bacchus echten Jüngern galt immer und allerorts:

"Dem Feuerwein, an Duft und Gluten reich,
Der, wenn er weiter Meere Bahn durchzog,
Nur höhere Glut und neue Würzen sog."

III.
Die Rose bei Anastasius Grün.

So wahr und so innig, so sinnig und wenn man sagen darf, so nobel zugleich wird man die Betrachtung und Verlebendigung der Natur kaum bei einem andern Dichter antreffen als bei Anastasius Grün, bei dem Grafen Anton Alexander Auersperg.

Die ganze Welt denkt er sich in Gottes Hand als eine Blume und die Lieblingsblume vor allen ist ihm die Königin der Blumen, die schöne holde Rose!

Wie im Leben er die Rose vor den anderen Blumen am meisten geliebt und gepflegt hat, wie er in Zimmer und Park allüberall sich mit Rosen umgab, wie er als Knabe schon bei seinen Zeichnenübungen oder wenn die spielende Hand von träumerischen Sinnen geführt da und dort ein Zeichen ihrer Thätigkeit hinterließ, immer und immer wieder Rosen auf das Papier zauberte, so hat der Dichter selten nur ein Gedicht fertig bringen können, ohne darin nicht die Rose in der und jener Gestalt, in dem oder jenem Bezuge oder Vergleiche miteinzuflechten.

Was er nur immer als schön bezeichnen will, es gleicht der Rose, es führt von ihr den Namen: das Herz ist ein „Rosenherz", die Wolken sind „Rosenwolken", vom „Lippenrosenbett" schwingt sich das „freie Wort":

Liebe hat gebaut die Brücke,
Hat aus Rosen sie gebaut!
Seele wandert drauf zur Seele
Wie der Bräutigam zur Braut.

Im „Sonntagsmorgen":

Sonne ward zur Ampel heut im Dome
Und das Goldgewölk zum Weihrauchstrome,
Weh'nde Flaggen Rosenfinger deuten
Meiner Sehnsucht in die fernen Weiten!

Dem Hypochonder wird „schwindlig beim Anblicke des Rosengesträuchs" und völlige Heide ist's, wo „kein Röslein glüht".

Dagegen erfüllt ein ganzer Gartenplan von Blumen den Fels der **Wartburg**, wo Luther zu seinem Volke „aus Wolkenschleiern sprach", in diesem Gartenplan mitten drin steht eine alte Lärmkanone.

> Schlingblumen greifen in die Speichen,
> Das Ungetüm hinwegzuzieh'n,
> Am Pulverschrein, dreist ohnegleichen,
> Die kecken Feuernelken sprüh'n.
>
> Der Mörser dient als Bank im Garten,
> Es sitzt auf ihm ein zärtlich Paar,
> Den Ausgang will ich nicht erwarten,
> Da allerseiten Feu'rgefahr!
>
> Jetzt hüpfen glüh'nde Rosenlunten
> Sogar ums Zündrohr unbedacht,
> Nun seid gefaßt ihr andern unten,
> Daß bald die Lärmkanone kracht.

Und das „Alpenglühen", woher hat es sein herrlich Rot genommen? — — — Nacht ist's geworden!

> Der Rose Glut kann jetzt nicht hellen!
> Daß sie der Mensch zertrete nicht,
> Läßt sie ihr Duften bange quellen,
> Ihr Duft wird Hilfeschrei und Licht!
>
> Der Lichterglanz, der wie mit Sehnen
> Im Thal aus Fensteraugen bricht,
> Er quillt wie flammenhelle Thränen
> Um ein verlor'nes größ'res Licht.
>
> Doch sieh vom Flammenkranz umschlungen
> Das Haupt der Alpe glutumrollt,
> Als ob zu sparen ihr gelungen
> Ein Teil von ihrem Tagesgold.
>
> Als ob tagüber sie gefangen
> Im Kranz die Rosen all im Thal,
> Als ob bei Tag dir von den Wangen,
> Du Volk des Thals, das Rot sie stahl!

Vom Alpenglühen zur — **Alpenrose!** Zur Alpenrose, die nicht verglüht, die lange nicht verblüht, die die schönste ist von allen; die du im Thal nicht findest, die auf dem Hute des Burschen zur Verräterin wird.

Bei der „**Sennerin Heimkehr**", da werden von ihr, die man — wie sie vorwirft — den ganzen langen Sommer allein gelassen, die Burschen in der Runde gegrüßt:

Nur einen und den schönsten
Den grüßt sie eben nicht.

Nicht scheint es ihn zu grämen
Und lächelnd läßt er's gescheh'n!
Er hat wohl auch die Schöne
So lange nicht geseh'n?

Er trägt ein grünes Hütlein
Umsäumt von Rosen dicht,
Ei solche Alpenrosen,
Im Thale blüh'n sie nicht.

Die „weiße Rose", die „reine", die „makellose", die „tauges chmückte" im Schneegewand am Morgenstrahl zum Blüh'n erstand, die da bebt, weil ein Hauch sie schon entstellt und der im Berühren die Krone entfällt, der Dichter sah sie schon einmal, wie ihm däucht, am Traualtar mit einem Leib von magdlichem Bau und

Die Stunde war's, die so heilig und hehr
Nur einmal kommt und dann nicht mehr.

Es blüht ja so schön, so hold, so rein,
Nur eine, die heiligste Stunde im Sein!

Du Grabrose aber, die du wurzelst in der toten Geliebten Herzensschoß und aus ihres ewigen Schlafes Hauch zogst die Keime groß:

Du saugest Glut und Lebenskraft
Aus ihres Herzens Blut,
Sie gab ja Freude stets und Lust
Und giebt's noch, wenn sie ruht.

Dein Lächeln und dein Duften stahlst
Und schlürftest du aus ihr,
Den roten Kelch, den formtest du
Aus ihren Wangen dir.

Die Purpurblätter sogest du
Aus ihrem süßen Mund,
Drum sind sie auch so rot und lind,
So duftig und so rund.

Sie gab dir Blätter, Farb' und Duft,
Gab Glut und Leben dir.
Woher doch nahmst die Dornen du?
Die kommen nicht von ihr!

Willkommen denn und bleibe mein!
Wenn Haß und Nacht mir droht,
Erinn're mich dein Flammenkelch
An Lieb' und Morgenrot.

Im „letzten Ritter", wo Grün-Auersperg unsern „weichen seidnen

Zeiten" den Mann in starrem Erz vorführt, da kann er doch nicht umhin, Theuerdank Max, als ihm aus Karl des Kühnen Munde zu Trier beim „goldnen Wein" die Kunde wird der segensreichen Verbindung Österreichs mit Burgund, zu schildern mit einem Antlitz lächelnd und „von Rosen leicht umlaubt", und Marie die holde Erbin von Burgund, die vielgeliebte Gattin, dann, er nennt sie, da ein Kinderpaar ihrem Schoße erblüht, die Mutterrose und die zwei Kindlein die Rosenknospen an einem Stamm erglüht.

Den Herzog Otto den Fröhlichen, den Helden im „Pfaffen vom Kahlenberg", läßt er vom Schallen Wigand zur Beichte hinausführen ins Freie:

Vor deinem Blick dein herrlich Reich,
Hier beichte du Fürst von Österreich.

und Wigand pflückt für jede Sünde eine Rose und setzt dem Herzog zuletzt einen Rosenkranz aufs Haupt; diesen Rosenkranz solle er beten!

Dem unvergeßlichen Kaiser Josef will aber Anastasius Grün auf seinem „Wiener Spaziergange", da er eben vor dem Erzdenkmal auf dem Josefsplatze hält, eine Rose in die Hand geben.

All dein Ringen nach dem Lichte, all dein Thun in ernster Zeit,
Glich's nicht einer Hand von Eisen, die uns eine Rose beut?
Ein beharrlich ernstes Kämpfen um ein morgenrotes Land?
Drum, o legt ihm weich die Rose in die harte eh'rne Hand!

Und in der „Hymne an Österreich" ruft begeistert der Freiheitssänger der „Riesin Austria" zu:

Freiheit prangt als heil'ge Losung über deinen Friedenshütten,
Freiheit glänzt auf allen Bannern, drunter je dein Volk gestritten,
Besser als die Händ' in Fesseln taugen dir die fessellosen,
Sei's das Schwert der Schlacht zu schwingen, sei's zu pflücken Friedensrosen.

Und wenn einmal die „Freiheit" den Rundgang um die Welt wird vollendet haben, dann wird auch erfüllt sein, so vorverkündet Grün-Auersperg nach Prophetenart in den „Fünf Ostern" des „Schutt" siegesgewiß:

Längst steh'n die Höh'n umsahn von Rebgewinden,
Längst blüht ein Rosenhag auf Golgatha;
Will jetzt ein Mund den Preis der Rose künden,
Nennt er gepaart Schiras und Golgatha;

und es

. . steht das Kreuz inmitten Glanz und Fülle
Auf Golgatha, glorreich, bedeutungsschwer:
Verdeckt ist's ganz von seiner Rosen Hülle,
Längst sieht vor Rosen man das Kreuz nicht mehr.

Aus Krain.

I.
Die Wälder um das Laibacher Moor.

> Dichtqualmende Nebel umfeuchten
> Ein Pfahlbaugerüstwerk im See
> Und fern ob der Waldwildnis leuchten
> Die Alpen in ewigem Schnee.

Diese Charakteristik der Szenerie, womit der treffliche Scheffel seinem „Pfahlmann" im „Gaudeamus" so meisterhaft den Boden des Wirkens schafft, paßt auch vollkommen zur prägnanten Schilderung der Szenerie des Laibacher Moorbeckens, als auf demselben die hiesigen Pfahlbauern ihr Gerüstwerk aufgeschlagen hatten. See und ringsum Waldwildnis und fern darüberhin die Alpen in ewigem Schnee; so sah in jenen vorhistorischen Zeiten auch die „Gegend" aus, die wir heute als das „freundlich lächelnde" Panorama von Laibach von der Terrasse des einst ganz beforsteten, mitten innen stehenden Laibacher Schloßberges bewundern und das uns Meister Simony mit unvergänglichem Griffel abkonterfeit hat. Und die zahllosen Pfähle, welche heute nach Aufdeckung der Laibacher Pfahlbauansiedlung zu Tage gefördert werden, auf denen die einstigen Behausungen der Pfahlbauern standen, belehren uns über die in den Wäldern um Laibach vertreten gewesenen Holzarten. Deschmann schreibt darüber wie folgt: Es wurden meist Laubhölzer verwendet, und zwar nur Rundhölzer (einige davon 20 cm im Durchmesser); von den Holzgattungen sind vertreten: die Eiche, Ulme, Esche, Espe, Pappel, Erle (diese alle vorwiegend); das Nadelholz seltener; am besten erhalten zeigt sich die Föhre; meist ganz verfault sind die Buchenreste. Auch Utensilien zum Hauswesen finden sich aus Holz, so Löffel aus Eibenholz, Näpfe (durch Feuer) aus knorrigen Eichenauswüchsen ausgehöhlt; ja selbst ein Kinderspielzeug, ein kleiner Nachen aus Nadelholz, wurde aus der Tiefe heraufgeholt.

Die ehemaligen Waldbestände des Laibacher Moores erhellen auch aus den bis in unsere Tage erhaltenen Namen, die gewisse heute bereits der Kultur zugeführte Morastparzellen im Volksmunde führten. Der fleißige, heimatliche Archäologe Müllner hat sie in seinem ausgezeichneten Buche („Emona") getreulich verzeichnet. „Solche Waldbestände" — sagt er — „waren nordwestlich von Brunndorf: dobje (Steineichengehölz), borje (Rieferngehölze), pod germam (unter dem Gebüsche), jesenje (Eschengehölze). Eine Morastparzelle östlich von der Einmündung der Jsca in die Laibach, also mitten im Gebiete des vor noch nicht langer Zeit bestandenen Urmoores heißt Jelovca (Tannengehölz) — ein Beweis, daß noch die heutigen Slovenen den Morast als Culturland sahen und daß er sich zu seiner jüngstvergangenen Form erst im Laufe dieses Jahrtausends entwickelte."

Römische Denksteine, die man in der Gegend des Morastes gefunden, weisen nicht selten in den Skulpturen die Symbolik des Holzreichtums der Stätte, an der sie errichtet wurden, durch Abbildung von einer, zwei, auch drei Fichten!

Die Wälder des Laibacher Moores, die sich in ihren letzten Resten noch bis in unsere Zeit erhalten haben und als deren letzter Repräsentant der unter den Augen unserer Generation erst recht gelichtete „Stadtwald" erscheint, boten den Bürgern Laibachs die Jahrhunderte her reichliches Holz als Bau- und Brennmaterial. Und Österreichs Fürsten schützten in ihrer traditionellen Milde und Gerechtigkeit die Bürger dieses wichtigen Grenzpostens gegen den Süden und Südosten immer ganz nachdrücklich in der Ausübung des Holzungsrechtes in den benachbarten Forsten. Das „Privilegienbuch der Stadt Laibach" bewahrt die diesbezüglichen Dokumente. So schreibt Herzog Wilhelm von Österreich 1397 dem Grafen Hörmann von Cilli, seinem Hauptmann in Krain: „Wür empfehl dir ernstlich und wöllen, das du unser Burger zu Leybach an den Forsten und Walden Prenholz ohn all Jrrung lassest nemen vnd fueren, als deß von alter mit gwonheit herkhomen, vnd auch als das verlohen ist, da wir am negsten zu Leybach sein gewesen, wan wir das ernstlich meinen."

Erzherzog Ernst der Eiserne, der so gerne auf dem Laibacher Schloßberge residierte, schlichtet 1421 einen Streit der Laibacher Bürger mit den jenseits des Morastes begüterten Auerspergen zu Gunsten der „Laibacher", indem er deren altes Recht auf „suechung mit zimmerholz vnd Prenholz in den Wäldern und gemeinen, darumb sie mit den ehegenanten Auerspergern sessig waren", bestätigte. — Sein Nachfolger Herzog Friedrich (als Kaiser der Dritte seines Namens) mußte die Laibacher Bürger, namentlich die „Kaufleute" gegen die verschiedensten „Neckereien" der Ritter und ihrer Pfleger in Schutz nehmen und verbot u. a. auch dem Landeshauptmanne von Krain Stephan Wobrus den Holzschlag in dem Forste am Burgberge zu Laibach, der mit in das Forstgebiet des Moores einbezogen war und zur Nutzung den Laibacher Bürgern zustand.

Als der „Erbfeind der Christenheit", der alles würgende und brennende Moslim mit seinen unaufhaltbaren Riesenheeren in unabläſſigen Anſtößen durch Kroatien und Unterkrain herauf immer öfter an das krainiſche Oberland drängte, um durch unſere Alpenpäſſe und über Kärnten und durchs Salzburgiſche einen Weg nach Deutſchland zu finden, nach deſſen reichen Städten es ihn gar ſo gelüſtete, da war das gutgelegene Laibach als Zentralpunkt jenes Befeſtigungsſyſtems von Krain auserſehen, das der „letzte Ritter" Kaiſer Max I. mit ſeinem genialen Weitblicke entwarf, das aber leider lange, lange nach ihm erſt zu halbwegs genügender Ausführung kam. Für die Maſſe des Paliſſadenwerkes, mit dem Schloß und Stadt Laibach gegen den Anſturm der Türken bewehrt werden mußte, geſtattete aber Kaiſer Max die Benutzung des benachbarten Eichenwaldes, des heutigen „Stadtwaldes" auf dem Laibacher Moor. (1495 Augsburg 20. März und 1503 Dienstag nach Philippi und Jacobi). Und im Laufe des 16. Jahrhunderts, da ſich die „Türkenviſiten" von Jahr zu Jahr mehrten und fort und fort an der Befeſtigung der Stadt „geflickt" werden mußte, da ward die „Holzung" im Stadtwalde ſchwunghaft betrieben; man kann ſich leicht denken, daß auch nicht alles ſchöne Eichenholz, das da aus dem herrlichen Forſte herauswanderte, zu Paliſſaden zugezimmert wurde, ſondern daß gar viele, viele Stämme ſüdwärts zogen nach den Geſtaden der blauen Adria.

Schon zu Anfang des 17. Jahrhunderts begegnen wir mehreren Erläſſen zur Schonung des Forſtes der Laibacher Bürger, des Forſtes auf dem Laibacher Moor. Doch die Abſtockung en masse, die im 16. Jahrhundert hier erfolgt war, wie die um dieſelbe Zeit am Karſte mit Schwung betriebene Entwaldung, ließ ſich da wie dort nicht mehr reparieren. So ſehen wir denn heute die Wälder des Laibacher Moores, die einſt ſo mächtig waren, bis auf einen ganz kleinen unbedeutenden Reſt, den auch ſchon äußerſt durchſichtigen Stadtwald, gänzlich verſchwunden.

Dank den rüſtigen Arbeiten des Moorkulturausſchuſſes wird aber das Laibacher Moor allmählich in den ausgezeichnetſten Kulturboden umgewandelt und verdient heute ſchon mit Recht den Namen einer „Kornkammer Laibachs". Und wenn erſt die großen Arbeiten der Entſumpfung, behufs derer unlängſt eine eigene Enquête ausgezeichnetſter Fachmänner des In- und Auslandes in Laibach tagte, durchgeführt ſein werden, dann wird die dankbare Nachwelt das große Verdienſt unſerer patriotiſchen Zeitgenoſſen um die Kultur des Moores vollends anerkennen. Aber auch ſchon die Mitwelt verſagt nicht den eifrigſt Thätigen, deren unermüdlichem Wirken die endliche Löſung der großen ſchon im 16. Jahrhundert angebahnten Frage der Moorentſumpfung zu danken iſt, die wohlverdiente Anerkennung!

Der „Stadtwald", dieſer „letzte Mohikaner" der einſtigen Rieſenwaldungen des Laibacher Moores, bildete im 18. Jahrhunderte und zum Teil noch in „unferem Vormärz" den Tummelplatz von Volksfesten und Volksbelustigungen aller Art. Insbesondere bei den einst so beliebten „Wasserfahrten der Laibacher philharmonischen Gesellschaft" (gegründet 1702) war der „Stadtwald" mit seinen „dichten Schatten", seinen lauschigen Spiel- und Schmachtplätzchen, mit seinen größeren Lichtungen, wo ganze Gesellschaften sich lagern und bei mitgebrachter Speise und Trank und den Klängen der Musikchöre ergötzen konnten, ein beliebter Platz zur Abhaltung des „Festmahles". Ja selbst heute noch ist der den Laibachern ans Herz gewachsene Stadtwald ein Lieblingsspaziergang im Sommer und Winter. Im Sommer bietet er stellenweise noch ganz erkleklichen Schatten und geleitet zu den renommierten „Wirtschaften" des (inzwischen verstorbenen) „groben Franzl" und des Bobenčel, wo man beiderorts mit vorzüglicher nationaler Küche und nationalem Trunk, herrlich duftendem Braten, äußerst schmackhaften Hühnern, mit landesüblichem Weißbrot, superben „Krainerwürsten" und Marwein („Cvíček") trefflich bedient wird und wo selbst der nicht ganz mit Recht so genannte „grobe Franzl" sich als ein guter, umgänglicher Mann erwies; man mußte nur seine Langmut auf keine zu arge Probe stellen, denn knorrig war sein Wesen in etwas, wie die alten Eichen des Stadtwaldes es waren, deren noch weit mehr, als heute zu finden, das Auge des biederen Wirtes einst gesehen.

Des Winters geleitet uns der Weg in und aus dem Stadtwalde an dem sog. „Kern" vorbei, dem Eislaufplatze Laibachs zu, wo eine ansehnliche Fläche des Wiesengrundes unter Wasser gesetzt wird, damit Laibachs „Schöne" diesem modernsten Sporte huldigen können und ihnen zur Seite die männliche Jugend. Der wackere Großindustrielle und Feuerwehrhauptmann Hr. Franz Doberlet, selbst der erfahrenste Eissportsman, hat sich um die Hebung des Eissportes und die Verschönerung des Eislaufplatzes in erster Linie hochverdient gemacht. Auch hier auf dem „Kern", wo heute „spiegelglatt" und „eben" das Leben hingleitet, war einst Wald des Laibacher Moores; auch hier hausten einst die „Pfahlbauern"!

II.

Der „Marwein" und seine Geschichte.

(1886.)

Die krainische Landschaft hat die bisher bestandene Weinbauschule in Slap bei Wippach (in Innerkrain) aufgehoben und an deren Statt in einem anderen Landesteile, in Unterkrain, eine neue Wein- und Obstbauschule errichtet.

Als Lokale für die der Verbesserung und Veredlung unserer heimi[schen] krainischen Weine und dem Unterrichte im allgemeinen zweckdienlicher ersc[hien] neue Schule auf dem Boden der mit Weinbau gesegneten, alten „w[indischen] Mark", dem heutigen Unterkrain, wurde das vorzüglich situierte Gut [(slov. Germ) bei Rudolfswert ausersehen.

Nachdem die nötigsten Adaptirungsarbeiten vollendet worden, f[and am] 19. November 1886 die Eröffnung dieser neuen Landesanstalt unt[er] zahlreicher Beteiligung und in feierlichster Weise statt.

Es mag uns aus Anlaß dieses für das ganze Weinbau treibende [Land] Unterland, das sich, nebenbei bemerkt, eben angesichts der nun ern[stlich in] Angriff genommenen Frage der Unterkrainer Eisenbahn, den schönsten Hof[fnungen] in land- und volkswirtschaftlicher Beziehung hingibt, gestattet sein, durch die neue Schule einer ganz neuen Entwickelungsphase entgegen[geführten] Landesprodukt, den schon seit Jahrhunderten als beliebter „Haustru[nk] selbst als Handelsartikel bekannten „Markwein", in geschichtlichem Sin[ne zu]zuweisen.

* * *

Ein Land, wo Rebenhügel
In Pracht und Fülle steh'n
Und linde Zephyrsflügel
Um reiche Halme weh'n.
Das Land am Savestrome,
Das manchen Vorzug zählt,
Ist unter Gottes Dome
Das letzte nicht der Welt!

So apostrophiert ein heimatlicher, patriotischer Dichter das schöne Un[terland,] von dem die neuere Geschichtsforschung, dank den rastlosen Untersuchun[gen des] Herrn Franz Schumi, zur Evidenz nachgewiesen hat, daß es die alte „[windische] Mark" sei.

Und diese alte „windische Mark", sie hatte schon in den frühesten[Zeiten] kultureller Entwickelung einen ansehnlichen Weinbau aufzuweisen; ja s[chon] 1177 kommt der „vinum Marchianum" urkundlich vor. (Archiv für [Landes]kunde von F. Schumi II. 1. p. 13.)

„Wo kein Wein — sagt der Chronist —, da ist keine Freud[e", so] mag denn Unterkrain sich glückselig achten, vor vielen anderen Landscha[ften] keinen Weinwuchs haben, denn dieses zweite Fünftel des Landes Krain [hat] Weinberge eine große Menge und also keinen Fug, diesfalls sich eines [Mangels] an Freude zu beklagen. „Doch übergrößert manche Gegend die an[deren an] dem Weinwachse. In etlichen Weingebirgen haben nur ihrer 40 oder 100 Parteien ihren Wein, in etlichen aber ihrer mehr." So b[erichtet] herr von Valvasor in seiner „Ehre des Herzogtums Krain" vom Jah[re]

Doch blicken wir noch einige Augenblicke in frühere Tage zurück, bis wir an der Hand späterer Aufzeichnungen weiter vorgehen: Aus dem Jahre 1432 liegt eine Preistabelle der Lebensmittel vor und in derselben figuriert der Marwein, das „Viertel" mit 9 kr., während ein Saumb Wippacher, b. i. des besten Weines soviel als ein Roß tragen kann, 8 Liber (1 Thaler) kostete. In der „Ordnung der Malzeiten und Weinschänken", welche die krainische Landschaft 1456 erließ, ist der Marchwein per alte Maß mit 3 kr. angesetzt, und 1609 kostete nach der „neuen Preisordnung" das „Viertel" des „besten Marchweines" 6 kr. (Landschaftliches Archiv in Laibach.)

Der Marchwein oder Marwein, der rote und der weiße, beide wegen ihrer angenehmen, bei Gewohnheit anregenden Säure, ihres aufheiternden Wesens bei absoluter Unschädlichkeit, ja wegen ihres die Gesundheit fördernden Wesens seit den ältesten Zeiten im Lande hochbeliebt, eignen sich bei richtiger Behandlung gar sehr zur Veredlung, und wird seiner Zeit die Marke des Unterkrainer als „Tafelwein" gewiß ebenso über die Grenzen Krains hinaus gangbar werden, wie im Mittelalter einst der „Wippacher" von den Rittern auf ihren Zügen ins „heidnische Preußenland" mitgenommen wurde, als gar köstlicher Wein, der im Vereine mit den edelsten Sorten von ihnen getrunken wurde. (Peter Suchenwirt, Gedichte.)

Bis zum Jahre 1569 war auch in der Landeshauptstadt Krains nur Wippacher und Wälischer Wein „geschenkt" worden, da aber um das genannte Jahr die Weinreben in Friaul und Istrien durch den venetianischen Krieg „völlig ruinirt und verderbt worden", „so ist allhier der Marchwein in Schwung gekommen, bis er mittler Zeit" — sagt die Notiz aus der Mitte des 17. Jahrhundertes — „für den besten Speißwein erfunden worden." (Manuskript im städtischen Archive in Laibach.)

Und noch heute existiert das Gasthaus, in welchem 1569 in Laibach der erste Marchwein ausgeschenkt wurde, nämlich auf dem „alten Markte", St. Jakobsplatz Nr. 11 (Haus Valusa); das Haus gehörte damals „dem Fischer", und zum Ausschanke brachte den Marchwein als erster in Laibach der „Rathsherr und fürnehme Wirth" Herr N. Khumberger.

Binnen einem Jahrhunderte war er, wie erwähnt, als bester Tafelwein hierorts erkannt, und Valvasor beschäftigte sich, als er die Topographie von Krain anfertigte, eingehend mit dem „Studium" der Marchweine.

Er führt dann auch in seiner Beschreibung von den „Weinbergen in Unterkrain" nahezu ein halbes Hundert von namhaften Erzeugungsorten an, die noch heute zum größten Teile ihr Renommee behauptet haben.

Sehen wir seine diesbezügliche „Weinkarte" nach.

Er schreibt: Apurnigberg („guter Wein"), Wuzlaberg bei Arch („überaus guter Wein"), Dürenberg („der nicht zu verachten"), Gaberska gora („klar und weiß wie Wasser"), Gallilaberg bei Thurn am Hart („gute

Traube"), Gertschberg bei Altenburg („der rote sehr delikat"), Gol
gut"), Grünberg („nichts für den Durst"), Hallenberg („guter Wein
lovez bei Nassenfuß und Menischoberg bei Thurn am Hart („lassen sich
Miltzberg bei Klingenfels („der rechte Feind der Traurigkeit"),]
gora („wirft gar gute Trauben in die Butten"), Muretze zwischen St.
und Rathschach („scharfer Wein"), desgleichen Nagomilah und Naraun
gora („beweinet dich mit einem guten und klaren Rebensaft und m
machenden Thränen"), ein anderer Novagora („gleichfalls guter Wein"
berg („ziemlich gut betraubelt"), Patina bei Kleinlach („gesunder Wei
grabam bei Schäfenberg („frischer Wein"), Prinslauo und Seuna
klarer Trunk"), Steinberg bei Rattschach („guter Löschtrunk für den
Stottberg bei Weinhof („süßer und starker Wein"), Stottberg bei
(„von ziemlicher Güte"), Stermez bei Neudorf („im Sommer gut z
etwas sauer"), Straschaperg (Strascha bei Rudolfswerth, der Endp
projektierten Linie der Unterkrainer Eisenbahn) („ein groß Weingeb
wächst ein redlicher Trunk Weins, der gut und stark ist"), Telschberg
guter roter Wein"), Naurateh bei Wagensberg („frisch und klar,
Durst"), Bineverh bei Rudolfswerth („ein groß Weingebirge, löst
Wein"), Weinperg zwischen Hochstraß und Landstraß („vortreffliche
Wagenberg und Veternik („guter frischer Wein"), desgleichen Ukobilah l
am Hart und gleiches Ruhmes Ukrolarich, Uranskú bei St. Ruppred
frischer Speisewein"), Woinik bei Rudolfswerth („guter Frölígmack
Möttlinger und Tschernembler Weine nennt der edle Freiherr an
Stelle seines trefflichen Buches: „köstlich starke Weine, welche denje
ihnen zu viel trauen und allzu beständig an ihnen beharren, auf b
gar unbeständig machen".

Den Ort aber, an dem soeben die neue Weinbauschule errich
das Gut Stauden, führt uns Valvasor in seinem Schlösserbuche mit ein
Abbildung vor, auf der rechts zur Seiten wir den vom damaliger
einem Freiherrn von Morbazt, angelegten, wohlummauerten Wei
blicken; auch der Weinhüter ist nicht vergessen, wir sehen ihn in voll
thätigkeit im besten Laufschritte hinter einem Rebendiebe her, hoch in der
Rechten den Stock schwingend, während von dem Meierhofthore aus, g
auf sein Spazierrohr gestützt, der Schloßherr dem Exekutionsakte sein
Dieners gemächlich zusieht.

„Von dem Schlosse — rühmt schon Valvasor — hat man e
gleichlich schönes Ansehen absonderlich in die Stadt Rudolfswerth,
Platz. man hineinsehen kann." „Ueberdies — fährt er in seiner S
dieses Besitztumes fort — giebt es im Schlosse eine lustige Gall
trefflich schöne Zimmer, so theils mit Malerei, theils mit Gypswerk
sauber ausgemacht, ingleichen einen ziemlich großen Hof oder Pl

Meiste hat der jetzige Inhaber ausgeführt und zugerichtet. Gleichwie er auch 1685 zwei Büchsenschuß weit vom Schloß auf seinem eigenen Grund und Boden Gott zu Ehren das heilige Grab mit den dazu gehörigen Stationen hat aufbauen lassen." Da dieses Schloß nun die Weinbauschule beherbergt, so läßt sich annehmen, daß diese wohl recht gut untergebracht und mit sehr schönen Räumen bedacht wurde.

III.
Das Bier in Krain.

Waren das glückliche Zeiten, in denen auch in Krain fast in jedem Hause der Bedarf an Bier selbst gebraut wurde!

Das war im Mittelalter der Fall. Denn nicht erst im 17. Jahrhunderte, wie man es in manchem gedruckten Buche über Krain liest, wurden in diesem Teile Österreichs die zur Bierbereitung dienlichen Materialien volkswirtschaftlich verwertet, sondern auch hier wurde schon Jahrhunderte früher die Bierbrauerei eingeführt und das Biertrinken wacker geübt.

Ist schon die Voraussetzung nicht ungerechtfertigt, daß Kaiser Karl der Große auf seinen Meierhöfen in Krain in Bischoflack und in Veldes, begünstigt durch die fruchtbaren Verhältnisse des herrlichen krainischen Oberlandes, die Bierbrauerei installierte, er, der ja bekanntlich selbst Vorschriften zur Bierbereitung erlassen hat, ist, sagen wir, diese Voraussetzung nicht ungerechtfertigt, so ist anderseits urkundlich nachweisbar, daß schon um 1160 in Krain von den „Unterthanen" Bier als solches als „Abgabe" an die vorgesetzte herrschaftliche Obrigkeit verabreicht wurde, was die Erzeugung des Bieres in den Häusern der Unterthanen in sich schließt. Es liegt nämlich in Prof. Ritter v. Zahns vortrefflichem mustergültigen Codex dipl. Austr. Fris. (III. p. 12—14) ein Urbarverzeichnis der Freisingischen Besitzungen zu Lack, Feichting, Safniz, Neusäß (Godešiče), Längenfeld, Pölland und Ratešidorf (Reteče), dann der Kärntner, Bayern und Slaven der Herrschaft vor. Dieses Verzeichnis besagt von den 20 Huben bei Reteče und Godešiče ausdrücklich, daß von jeder einzelnen 6 Urnen Bier gereicht werden.[1]) Es ist also cervisia (Bier) ausdrücklich und urkundlich um 1160 in Krain genannt.

Unter den Reichungen der Unterthanen finden sich weiter so und so viel Scheffel Hopfen, dann Weizen (triticum), Hafer (avena); mit Malz wurden vier Mark Abgabe bezahlt.

---
[1] Adhuc supersunt uiginti hobe apud Ratesidorf et Nivsaze que singulo soluunt sex urnas coruisie.

Weizen und Hafer waren die Bestandteile, die zur Bierbrauerei in Krain in diesen frühen Zeiten und noch lange hin zur Verwendung kamen. Schreibt doch noch der Freiherr von Valvasor (1689): „Es wird gleichfalls bei uns in Crain aus dem Weitzen ein gutes Bier gebrauet: wiewol aus lauter Weizen nur allein zu Laybach und sonst nirgends. Zu Crainburg und Neumärktl brauet man das aus Weizen und Habern zugleich, oder aber aus Gersten und Habern. Außerdem wird in Crain nirgendswo Bier gebrauet; auch aus dem Weizen außer jetztgemeldten drei Sachen (Brod, Stärke und Bier) weiter nichts bei uns gemacht."

In Bischoflack, der Herrschaft der Freisinger Bischöfe, waren noch im 14. Jahrhundert die Hausbrauereien sehr stark gewesen und man findet in der genannten Quelle bei Professor von Zahn wiederholt die Bierabgaben erwähnt: 1315 IIII quartale cervisia vasa. 1321, IIII vasa cum cervisia, I leytvas cum cervisia, X lagene pro cervisia, 1321 item cervisie LVIII. redemcr.

Doch hielt sich die Bierbereitung in Krain mehr auf das Oberland beschränkt, einmal weil hier der deutsche fränkisch-bayrische Einfluß vorherrschend war, anderseits weil das Unterland reich an Weingebirgen, den daselbst zum Haustrunk nötigen Wein in Hülle und Fülle spendete, gleichwie der Innerkrainer Boden durch den im Wippacher Thal wachsenden, im Mittelalter vielfach in die fernsten Länder exportierten „Wippacher Wein" reichlich versehen war.

Einen eigenen Bierausschank finden wir im Landtagsprotokolle von 1653, als in Krainburg errichtet, verzeichnet; es scheint somit bis dahin das Bier in den Häusern der Städte und des flachen Landes nur zu eigenem Gebrauche gedient zu haben. Zu Valvasor's Zeiten aber scheint schon auch der Versand des Bieres in Übung gewesen zu sein, denn in seinem Lobgesang auf die oberkrainischen Wälder führt er deren Nutzen auch für die Bereitung der Wein- und Bierfässer an samt allerlei anderem hölzernen Geschirr, das bekanntlich seit frühen Zeiten einen ansehnlichen Exportartikel unseres Landes bildet.

Die Kavaliere ließen sich ganz besonders gutes Bier bereiten; dies bezeugt eine im „Fürstenhofe" der Auersperge in Laibach erliegende Apothekerrechnung von 1671, worin angemerkt erscheint, daß, wie der Koch Sr. Exz. des Herrn Grafen Wolf Engelbert von Auersperg aus dem Domini Amadory Apotheke u. a. die Kapaunsulz mit 40 kr., so der Kellermeister die Ingredienzien zu dem Bier, „wie es Herr Borri ordiniert", zu 3 fl. 30 kr. bezogen habe.

Die Jesuiten in Kärnten begannen 1677 in Pörtschach (ihrem damaligen Besitztume) Bier zu brauen, wovon sie sich nach einer Notiz in der Studienbibliothek in Klagenfurt jährlich 150—200 fl. Nutzen versprachen. Es scheint, daß diese Brauerei der Kärntner Jesuiten lukrativ wurde, denn wenige Jahre später (um 1680) etablierten die Laibacher Jesuiten, nach einer Handschrift der Hofbibliothek, auf ihrem Sommerschlosse Kaltenbrunn bei Laibach gleichfalls eine

Brauerei, die jedoch Valvasor nicht anführt, trotzdem er darum mußte gewußt haben.

Um die Mitte des vorigen Jahrhunderts gab es in Laibach bereits mehrere ansehnliche Brauereien, so schon vor 1760 die Bierbrauerei beim Rößl in der Theatergasse, heute dem Herrn Georg Auer gehörig, dessen Großonkel in dem genannten Jahre nach Laibach kam und beim „schwarzen Bären" eine Brauerei einrichtete. Im Jahre 1763 gab es in Laibach 7 Bierbrauereien mit 5 „Gesellen", welche 63½ Zentner inländischer Gerste, Hopfen und Malz bezogen; sie verarbeiteten davon 31½ Zentner zu 115000 Maß Bier, welche im Lande abgesetzt wurden.[1])

Der Bierbrauer Mathias Prandl scheint sich sein Sümmchen ins Trockene gebracht zu haben, denn er lebte am Abende seines Lebens als Privatier und wohnte in einem gräflichen Hause. Wir begegnen nämlich im „Laibacher Wochentlichen Kundschaftsblatte" von 1775 in der Totenliste der Mitteilung: 1775, 25. Dezember Mathias Prandl, gewester bürgerl. Bierbräuer, Wittiber, auf dem neuen Markt (heute Auerspergplatz) im Graf Thurnschen Hause Nr. 345, alt 84 Jahre! — In dem eben genannten Kundschaftsblatte, dem Organ der Gesellschaft des Ackerbaues und der nützlichen Künste (der heutigen k. k. Landwirtschaftsgesellschaft für Krain), und zwar im Jahrgange 1776, wird der Bierbrauerei das Augenmerk zugewendet und für dieselbe die englische Gerste empfohlen.

Den Mangel an Anbau von Gerste in Krain sah der Reisende Hermann (1780) als den Grund dafür an, daß „da auch nicht so viel Bier gebraut wird als anderwärts". „Inzwischen", rühmt er weiter, „braut man doch in Laibach und Krainburg ein sehr gutes Bier."

Die Güte des Laibacher Bieres wußte man zur Zeit auch außerhalb Krains zu schätzen, und es schreibt Dr. A. Musvig, ein Görzer Arzt, in seinem Buche über das Görzer Klima 1781: „Cerevisia hic non paratur, adfertur tamen labaco et a Germanis potatur", woraus denn hervorgeht, daß Görz um diese Zeit keine Bierbrauerei besaß, daß das Bier dahin von Laibach gebracht wurde, und daß es vornehmlich die Deutschen in Görz waren, die dem aus Krain importierten Gerstensafte huldigten.

Heute zählt man in Laibach drei Bierbrauereien, und zwar die große Bierfabrik der Gebrüder Kosler, die ihre Erzeugnisse weit übers Meer versendet und namentlich durch die vom Braumeister R. Offner, einen gebürtigen Bayer eingeführten Verbesserungen ihr Bierrenommee bedeutend erhöht sieht, ferner die Brauereien von Auer und Perles, in deren Biergärten in der Stadt selbst „ganz Laibach" und die Fremden sich mit Vorliebe einfinden. Außerdem werden in den zahlreichen Gasthäusern in der Stadt Laibach eine Anzahl anderer Biere geschenkt, davon am beliebtesten das Pilsener, das Grazer Schreiner, das Grazer Japeler und von

---

Vgl. mein: Maria Theresia und das Land Krain p. 55.

krainischen Bieren das Bier von Mannsburg des Herrn Staré, dessen
hausgarten in Mannsburg (Markt n. ö. von Laibach gegen Stadt Stein)
beliebten Sommerausflug der Laibacher bildet.

IV.
Eine Forstinstruktion von 1650.

Das noch heute wälderreiche Krain, das in forstlicher Beziehung von hohem Interesse war, erfreute sich von Seiten der kais. Regierun der regsten Obsorge für die Bewahrung und Behütung seines Forsts Und wie heute das k. k. Ackerbauministerium bemüht ist, den Forstin Krains in bestmöglicher Weise Rechnung zu tragen, so geschah dies auch Tagen der sog. Landesautonomie, im 16. und 17. Jahrhunderte, wo die kai Gewalt gegenüber verschiedenen Aspirationen auf Besitz und Schädigu Wälder mit aller Macht und Kraft einschreiten mußte.

Es liegt mir in einer Handschrift der k. k. Studienbibliothek in Laib kaiserlicher Akt aus dem 17. Jahrhundert vor, der geeignet erscheint, einen Einblick in die Forstverhältnisse Krains in jener Zeit zu gewähren, bez. zu er

Dieser Akt ist die vom Kaiser Ferdinand erlassene Dienstinstrukti Hans Jakob Gall, „Berg- und Forstmeister in Krain" ddo. Wien, 10. Mai

Ich werde diese Instruktion auszugsweise hier wiedergeben, mu der größeren Deutlichkeit wegen von wörtlichen Anführungen im allge absehen und werde solche nur dann beibringen, wenn sie zur Chara des Gegenstandes, wie der Entstehungszeit des Aktes wesentlich beitrage

Aus dem Eingange erhellt, daß Hans Jakob Gall 1650 vom zu seinem Berg- und Forstmeister im ganzen Fürstentum Krain bestellt und nun solches Amt verrichten sollte.

Zu dem Ende einer gedeihlichen Thätigkeit desselben wäre, wie der selbst hervorhebt, es wohl notwendig gewesen, daß der kais. Wildba seinem Gebiet und Grenzen (Confinen) genau benannt und ausfindig g würde, „dieweil aber die gewisse Beschreibung desselben allererst zugew so soll sich der Forstmeister betreffs der Lage und Ausdehnung der kais. und des kais. Wildbannes, darunter auch insbesondere das Laibacher g verstehen sei, nach dem Herkommen richten.

Innerhalb desselben soll er niemandem gestatten, weder Rot Schwarzwild, auch nicht Gemsen, Hasen, Reiher und „Antvögel" zu jag fangen, zu schießen oder mit anderen gefährlichen Zurichtungen oder „Grut beschädigen; kais. Strafe und Ungnade solle den Dawiderhandelnden treffen

Forstmeister soll vielmehr neben fleißiger Behütung und „Erzigelung" (Großziehung) des Wildbrets alle Jahre zu bestimmter Frist verläßliche Spezifikationen der J. Ö. Hofkammer und dem J Ö. Obersten Jägermeisteramt einsenden, was an Rot- und Schwarzwild in den kaif. Forsten in Krain vorhanden sei.

Wenn ein Prälat oder „einer vom Adel" die Gebote betreffs des Wildbannes übertreten hat, so hat der Forstmeister ihnen zuzuschreiben und sie gütlich zu ersuchen, solchen Unfug zu lassen; wenn dies nichts nützt, dann möge er die Sache an den Oberstjägermeister Joh. Anton Grafen Thannhausen berichten, der dann das Weitere veranlassen, eventuell die Angelegenheit an die Hoskammer oder an ihn (den Kaiser) selbst gelangen lassen werde.

Wenn aber — heißt es weiter — Bürger, Bauern oder gemeine Personen wider das Gebot handeln, so soll er (der Forstmeister) sie durch ihre Grundobrigkeit vor sich begehren und dieselben dann nach Art ihrer Übertretung mit Vorwissen ihrer Grundobrigkeit gebührendermaßen bestrafen, es soll aber letzterer oder deren Pflegern gestattet sein, bei dieser Untersuchung und Bestrafung zu intervenieren.

Auch darauf sei wohl zu merken, das niemand ein „geschädigtes oder gefälltes Wildbret" aufhebe oder hinwegführe, dasselbe müsse an Ort und Stelle liegen bleiben, wenn es gleich verdürbe; für das Wegtragen und Verheimlichen sei eine „ziemliche Geldstrafe" zu erlegen.

Die Macht, zu strafen, hat nur der Forstmeister und kein Herr, keine Grund- oder andere Obrigkeit, darunter die Wildbretschützen oder Beschädiger betreten werden.

Von der Geldstrafe, die der Forstmeister diktiert, soll er dem Forstknecht oder demjenigen, der den Thäter zuerst bekannt giebt, den vierten Pfennig reichen, den dritten Pfennig soll er für seine Mühe, Kost und Zehrung behalten, die „zwei anderen Theile aber stracks mit Ausgang jeder Jahresfrist ordentlich verrechnen und den Rest bar in das Hofpfennigamt erlegen".

Bei Verlust seines Dienstes wird dem Forstmeister anbefohlen, in den kaif. Forsten und Wäldern „kein Gereuth" machen zu lassen.

Er soll ferner fleißig aufmerken, daß die „bestellten Forstner" und Forstknechte ihre Dienste und Verwaltungen fleißig und getreulich verrichten, „die Sulzen" dem Wildbret alle Jahre flüssig machen und darauf achthaben, daß von den angrenzenden Besitzern keine Sulzen den Sulzen in den kaif. Forsten zu nahe geschlagen werden. Sei ein Forstner oder Forstknecht unfleißig, so soll der Forstmeister denselben mit Vorwissen des Oberstjägermeisters absetzen und einen anderen tauglichen mit Gutheißung (Ratifikation) des Oberstjägermeisters anstellen.

Strenge lauten weiter die Befehle betreffs Schonung der Wälder.

Die Instruktion macht dem Forstmeister zur Pflicht, auf alle „unsere Förste, Wälder, Hölzer und Auen seine emsige Obacht zu haben, damit dieselben nicht ausgerodet, verschwendet oder unbilligermaßen ausgehauen, auch nicht verschlagen oder verfählt, sondern das Wildpret darinnen seinen sichern Stande haben und ohne Verjag- oder Beschädigung daselbst verbleiben möge". Hat jemand in diesen Forsten, Wäldern und Hölzern eine Gerechtigkeit oder wegen der Besitzung auf Haus Notdurft, so hat er mit der Gerechtigkeit und den Behelfen vor dem Forstmeister zu erscheinen und von diesem die „Auszeugung" zu erwarten, „außer solcher Auszeugung" ist niemand befugt, „einen Stand abzuschlagen". Wenn ein Adeliger dagegen handelt, so ist demselben deshalb „zuzuschreiben" und wenn das nicht verfängt, über ihn an den Oberstjägermeister zu berichten; jeder Andere, der das Gebot „mit Holz abmessen" übertritt, ist gebührend zu bestrafen.

Auf das strengste aber ist dem Forstmeister, und zwar „bei Straf und Entsetzung seines Dienstes" verboten, niemanden, wer der auch sei, einen Stamm Bau- oder Brennholz ohne der innerösterr. Hofkammer Wissen und Willen, „weder ums Geld noch sonsten zu vergeben", und wenn die Hofkammer es jemandem aus erheblichen Ursachen und an einem Orte gestattet, wo der Wildstand dadurch keinen Schaden erleide, daß etliche Stämme gefällt werden, so soll der Forstmeister gehalten sein, die dafür einfließende Bezahlung („Losung") getreulich zu verrechnen.

Alljährlich soll öffentlich ausgerufen werden, daß die Hunde oder Rüden überall in der Zeit zwischen Georgi und Egidi daheim an den Ketten angelegt gehalten oder ihnen wenigstens ordentliche Prügel angehängt werden sollen, „damit durch solche jagend und schädliche Rüden das junge Wildpret nicht vertrieben oder geschädigt werde"; wenn dies Verbot nicht gehalten wird bei der Bauernschaft oder bei anderen, so sollen die Forstknechte das Recht haben, die umlaufenden Hunde niederzuschießen.

Für die Luchse und Wölfe sind die „Selbstgeschosse" (Fangeisen) zu richten.

Niemandem ist gestattet, mit Büchsen, Armbrusten und anderen Geschossen in den kais. Wäldern umzugehen; den Betretenen sind die Waffen abzunehmen.

Zur Schonung des Wildstandes ward weiter durch nachstehende Fürsorge wesentlich beigetragen, durch die Anordnung nämlich, für das Wildbret zu rechter Zeit das Heu beizustellen; es ward dem Forstmeister ferner aufgetragen, das Heu fleißig einzubringen und wo zuvor Heutrippen bestanden hätten, dieselben wieder aufrichten zu lassen, damit das Wildbret zur Winterszeit nicht Mangel leide; die Kosten für diese Herrichtungen habe das Landesvizedomamt in Krain zu tragen.

Der Forstmeister soll auch fleißig aufmerken, daß Niemand das „Reißgejaid" gebrauche „außer den von altersher wissentlichen Herrn und Landleuten" und diese sollen „dann mit ihren Dienern und Reißjägern wie Reißgejaid recht und gewohnheit und wie von altersher zu rechter und bequemer Zeit kommen", doch sollen diese Reißjäger dem Forstmeister namhaft gemacht werden, keine Büchsen tragen und von den Forstknechten immer einer dabei sein, damit das Wildbret nicht verjagt oder geschädigt werde.

Behufs besserer Besorgung seines Dienstes und namentlich wegen der besseren Aufsicht und Beförderung der Autopsie ward es dem Forstmeister zur Pflicht gemacht, die Wildbahn, Wälder, Forste und Auen, wenn nicht öfter so doch zur Sommerszeit wenigstens monatlich einmal fleißig zu durchreiten, auf alles gute Achtung zu haben und Erkundigungen einzuziehen, damit jeder Schaden verhütet werde. Dafür könne er an Diäten („lissergelt") täglich 12 Schilling verrechnen, aber nur, wenn er „erweislich" beibringt, daß er in solcher Visitationsverrichtung nicht allein den Tag, sondern auch die Nacht vom Hause abwesend war und also zu seiner notwendigen Verpflegung „ein Unkosten hat anwenden müssen."

Für Krain, bez. das Forstpersonal im Lande war der Forstmeister die oberste und einzige Autorität, die Forstner und Forstknecht — heißt es in der Instruktion — sind nicht berechtigt, aus eigener Gewalt („für sich selbst") etwas vorzunehmen, sondern sie müssen alle Vorfälle dem Forstmeister zur Anzeige bringen. In schweren und bedenklichen Fällen mußte aber auch der Forstmeister mit den Sachen weiter gehen, und zwar war der Instanzenzug folgender: an die innerösterr. Hofkammer (in Graz), diese an den Oberstjägermeister von Innerösterreich und dieser in letzter Linie an den Kaiser selbst.

Den Schlußsatz der Instruktion bildet das Normativ, daß der Forstmeister und die Forstknechte an die innerösterr. Hofkammer gewiesen sind, und „wenn ihm wegen des Wildpanns oder der Jäder willen von Unsertwegen etwas befohlen wird, hat er alsbald zu erscheinen und in Amtssachen immer gewärtig und gehorsam zu sein; im übrigen solle er alles thun und handeln, was ihm als getreuen Diener und Forstmeister seinem Befehl und Dienst nach zur Beförderung Unseres Nutzens, auch Abwendung Nachtheils und Schadens zu thun gebührt und tragender Pflicht gemäß zusteht."

V.
Zur Geflügel= und Vogelzucht.

Der vertraulich=liebevolle Umgang mit den Tieren bildet eine charakteristische Eigenschaft wie der slavischen Völker im allgemeinen, so des im Lande Krain seßhaften slovenischen Stammes im besonderen. Ein Blick auf die Karte des genannten Landes belehrt uns in den zahlreichen Tiernamen als Ortsbezeichnungen über die Intensität jener Neigung sowohl, wie auch darüber, daß die Bewohner bei lokal häufigem Vorkommen speziell von Vogelgattungen deren Namen als Ortsnamen wählten. So finden wir die Namen Orle (Adler, slov. orel), Postojna (Schlangenadler) für den Ort Adelsberg (richtig Adlersberg) — welcher Ort durch seine „Grotten" weltberühmt geworden, — Branja peč (Rabensberg), Srakovlje (von sraka, Elster), Kulavas und Kukmaka (von kukuk, kukovca), Golobinjek (Taubenberg), Rosarje (vou kos, Amsel), ʒ (Hühnerdorf, von petelin, Huhn) u. ſ. w., und auch deutſche Vogelnam uns als Ortsbezeichnungen in Krain erhalten, und zwar aus ſehr früher alterlicher Zeit, z. B. Sittich (Ciſtercienſerſtift, gegründet 1136; das führte auch den Sittich im Wappen), Schloß Habach (altdeutſche For Habicht), in deſſen Umgebung es nach Valvaſor's Zeugnis noch 168 Unzahl Habichte gab, Schloß Geyerau, „Rom-(Raben-)grund" in der altde Enklave Gottſchee u. a. m.

Und erſt im Volksliede der Slovenen ſpielen die Vögel eine große namentlich die Amſel, „der neun Provinzen zu eigen ſind" (Föhrenhain, l reich, Weidenzweig, Erlenſtatt, Haſelblatt, Eichenwald, Buchenhald, Al und Lindenraſt), Käuzchen und Eule, „die da raufen um eine Kürbisflaſc Weine", Fink und Finkin, die Neuvermählten, bei deren Hochzeit Feſt der Geier u. a. m. Die Freiheit perſonifiziert ſich dem ſloveniſchen Vo in dem Vöglein, das ſich von der Herrin des „weißen Schloſſes" tro Verſprechungen von Naſchwerk, Malvaſier und Prinzengeſellſchaft nicht a läßt und ihr vom grünen Baume herab erwidert:

> Lieber flieg' ich zu dem grünen Walde,
> Eſſe vollauf gelbe Weizenkörner,
> Trinke vollauf ſchönes friſches Waſſer,
> Singe vollauf frei nach guter Laune.

Über die Geflügelzucht in Krain in früher geſchichtlicher Zeit geb die urkundlichen Aufzeichnungen aus dem 12. Jahrhunderte Kenntnis, uns in den Urbarverzeichniſſen des Bistums Freiſingen in Bayern, l Oberkrain um Biſchoflack große Beſitzungen hatte, erhalten ſind. Die chungen" von Gänſen (anser), Hühnern, Hennen (puteus, gallina), Hühnern (pulli gallinarum) kommen oft und reichlich vor. Zur S der Hühnerzucht im 14. Jahrhunderte gibt ein aus dem Jahre 1387 erh Preisverzeichnis der Lebensmittel in Krain einen intereſſanten Beleg; nannten Jahre koſtete auf dem Laibacher Markte ein Huhn 2 Soldi Kreuzer) und wurden 14 Eier um 1 Soldo verkauft.

Ein juriſtiſcher Schriftſteller aus Krain, Martin Pegius (geſtorb Salzburg 1584), kodifizierte „das Recht der Tauben und der Hühner" i ſchluſſe an ſein „Hunderecht" (das lange nach ſeinem Tode erſt 1719 zu furt und Leipzig erſchien).

Über den Stand des zahmen und wilden Geflügels in Krain im 17. hunderte belehrt uns Valvaſor in ſeiner 1689 in Nürnberg erſchienenen des Herzogthums Krain". Die Schilderung des Geflügels leitet be Freiherr mit den Worten ein: „Mit dem Flügelwerk iſt das Land C reichlich verſehn, als in Europa eines ſein mag, und weil es viel Gebir steht leicht zu ermessen, daß es manchem anderen Lande mit wildem Federspiel weit vorgehe, denn dasselbe (dieses) liebt die erhabene, sichere und einsame Wildnissen und hohe Gebirge, denen es am gemeinlichsten sein Nest vertrauet." Vom zahmen Geflügel nennt er als „häufig gezogen" Hühner, Gänse, Enten, Tauben, indianische Hübner, Pfauen und dergleichen mehr; „unter den wilden seind — fährt er fort — die Adler, Raben, Krähen, Alstern oder Hutzen, Dolen und dergleichen, wie auch wilde Tauben und Kranichen. Doch beschenkt uns gleichwohl das Gebirge auch nicht sparsamlich mit allerley wilden Eß- oder Speisvögeln, als Fasanen, Coturnen, Haselhühnern, Rebhühnern, Feldhühnern, Stein-Hünlein, Pran-Hanen, Schild-Hanen, Wald-Hanen, Auer- oder Ur-Hanen, Schnepfen, Wachteln u. a. m.; wilde Gänse von mancherley Art, auch gar vielerley Sorten von wilden Enten kommen uns gleichfalls von dem Wasser auf den Tisch, nachdem sie durch ein wohlgeladenes Rohr dazu eingeladen worden". „So schwimmen — schließt er — auch weiße und graue Schwanen, ingleichen die stolzgebuschte Reiher, der Nimmersatt oder Kropfvogel und dergleichen mehr auf dem Wasser daher." Von dem in Krain — namentlich in den hohen Alpen — zum Schrecken der Hirten so häufig vorkommenden Steinadler, welcher mächtig stark ein lebendes Schaf in die Lüfte entführt, weiß er „gar artige" Histörchen zu erzählen. Außer den Adlern nennt er als Raubvögel in Krain große und kleine Fallen, Kautzen und Eulen.

Einen weiteren ganzen Abschnitt widmet Valvasor dem „kleinen Geflügel und den fremden Vögeln in Krain". „Des kleinen Flügelwerkes — sagt er — hat Crain die Menge und darunter manchen lieblichen Singvogel, als die Wald- und Feldlerchen, die Stiglitzen, die Finken, Droscheln, Amseln, Alp-Amseln, Zeislein, Nachtigaln, die Grasmucke, allerley Sorten der Meisen und dergleichen. Ueberdas hupfen allerley andere kleine Vöglein hier herum, nämlich der Spatz, der Hirngeil, Gimpel, Kernbeißer, Amerling, Königlein, der Zaunkönig, Rothkröpfel, nebst vielen andern, außer diesen nisteln hier zu Lande auch andre bekannte Vögel: als die Schwalben (welche im Winter außer Landes fliegen), die Staren, Walddrossel (Dröschel), Bachstelzen, Turteltauben, Widhopfen, der Gugut u. a. m." An fremden Vögeln nennt er das Grerach-Huhn oder Wasserdrummel, die „böhmischen Vögel" (Pegume), den (kleinen) Totenvogel, den (immer mit dem Kopfe nickenden) „Wundervogel", dann die wilden Enten („welche allezeit zwischen Laibach und Oberlaibach übernachten"), die Kraniche (es fliegen deren alle Jahr viele Tausende durchs Land, zu Zeiten des Tages vier bis fünf Partien und solcher Durchzug währt zwölf oder vierzehn Tage); ihr Durchflug bezeichnet den Beginn des Schneewetters. „Im Jahre 1639 — schließt der fleißige Chronist diese Abteilung seines hochverdienten Werkes — sind am 28. May viel tausend schwarze unbekannte Vögel so groß als wie die Meer-Schwalben auf Laybach gekommen. Wenn deren einer sich herunter auf die Erde gelassen, hat er nicht wieder aufffliegen können, also seind derselben von den gemeinen Leuten sehr viel aufgefangen worden. Desgleichen seind im Jahre 1656 im Februar gewaltig viel ungewohnte Vögel in's Land geflogen, auch derselben viele gefangen. Dieselben waren etwas kleiner als die Krams-Vögel (Kronawettvögel), doch denselben gleichfärbig, ausgenommen, daß die äußersten Spitzen der Flügel mit rothen, gelben und blauen Federn gezieret waren. Ihr Name war Niemandem bekannt."

In einem eigenen Kapitel handelt Valvasor noch von Vögeln, „so den gantzen Winter durch in der Erden wohnen". Als solche führt er zuerst die sog. Raseller-Vögel an, „noch kleiner als die Zaunköniglein, denen man keinen anderen Namen bißhero noch zu geben gewußt als Raseller-Vögel, weil nämlich zu Rasell auf dem Karst und bei Wippach solcher Böglein es gar viele gibt". Sodann spricht er ausführlich von den Scharen von Wildtauben, die sich vor dem Habicht und dem Unwetter in die Felsenklüfte, an denen die Kalkalpen Krains so reich, flüchten; man fand 1673 im Berge Javornik bei Zirknitz in Innerkrain in einer Tiefe von 30 Klaftern eine solche Menge von Wildtauben, daß, nachdem über dem Loche (das nur 2 Klafter breit gewesen) ein Netz gespannt worden, man über 80 Stück derselben gefangen.

Ein hervorragender Geflügel- und Vogelzüchter Krains im 17. Jahrhunderte war der Landeshauptmann Wolfgang Engelbert Graf Auersperg, der bei seinem Palaste in der Laibacher Herrengasse (dem heutigen „Fürstenhofe") außer einem Turme für kleineres Geflügelwerk und einem zweiten für eine „verwunderliche Art von Turteltauben" einen Fasangarten hielt, „darin auch anderes seltenes Geflügel enthalten war." Ein an Naturraritäten reiches Hausmuseum besaß der Zeitgenosse Valvasors und Wolf Engelbert Auerspergs, der JUDr. Johann Stefan Floriantschitsch von Grünfeld, welcher diese seine Schätze den Besuchern, darunter auch den „fremden Reisenden" gern vorzeigte, wie wir in seiner Biographie im Verbrüderungsbuche der Dismas-Kongregation in Laibach (Manuskript des Museums Rudolphinum in Laibach) lesen.

Ausgiebige Gelegenheit zur Beobachtung und Beschreibung der Enten am Zirknitzer See hatte der durch sein Buch über diesen merkwürdigen („verschwindenden") See um die Topographie Krains vielverdiente Herr v. Steinberg, der seine „Gründliche Nachricht von dem ... Cirknitzer See" 1761 in Graz erscheinen ließ, worin er der Jagd auf Enten einen ganzen Abschnitt widmete. „Als Anno 1722 gegen Ende des Monats Juli dieser See abgelaufen und in ein trockenes Land verwandelt war, so sind — schreibt Steinberg — die Enten in solcher Menge von den Bauern gefangen worden, daß man ein sehr fettes Stück um drei Kreutzer hat laufen können."

Der im Lande Krain immer mehr erwachende Sinn für Naturwissenschaften in der zweiten Hälfte des 18. Jahrhunderts, hauptsächlich getragen durch die Lehren und Arbeiten bedeutender Naturhistoriker, wie Scopoli, Hacquet u. a., hatte denn auch in Gemeinschaft mit der Gründung der Gesellschaft des

Ackerbaues und der nützlichen Künste einen bedeutenden Aufschwung in der Geflügel- und Vogelzucht im Gefolge. Die Abhandlungen der genannten Gesellschaft wie das „Wöchentliche Kundschaftsblatt" derselben brachten belehrende Aufsätze; Scopoli und Hacquet, ersterer in Jdria, letzterer in Laibach, hatten Museen errichtet (Scopoli hatte in seinem Museum 155 Nummern von Vögeln, gewöhnliche und seltene vereinigt).

Eine neue Ära für das Wirken in diesem Zweige der gemeinnützigen Wissenschaften brach aber im Lande Krain in den ersten Jahrzehnten unseres Jahrhunderts an, mit den Tagen, da das Laibacher Landesmuseum, heute „Rudolphinum", und die Landwirtschaftsgesellschaft gegründet wurden, von welch beiden Instituten auch im Betreff des Geflügel- und Vogelzuchtwesens manch' nutzbringende Anregung ausgegangen ist.

VI.
Eine wiedererstehende Fischerstation.

Den wahren Freund des Volkes und seiner vitalen Interessen muß die trotz des aufdringlichen Lärmens zersetzender Nergler immer deutlicher und immer lebhafter werdende Rührigkeit auf wirtschaftlichem Gebiete angenehm und trostreich berühren. Diese neuerwachte Lust am Schaffen auf Gebieten, die dem wüsten Treiben politischen Parteilebens in Österreich fern liegen, ist eine der bedeutendsten Errungenschaften unserer Regierung, die ihr ganz besonderes Augenmerk auf die Besserung der wirtschaftlichen Lage des Reiches gerichtet hält.

So sehen wir auch in dem durch seine Fischzucht in ältesten Zeiten berühmt gewesenen Lande Krain auf dem Gebiete des Fischereiwesens eine neue, so Gott will, fruchtreiche Thätigkeit sich entwickeln.

Nachdem für das Fischereiwesen des ganzen Landes durch ein kürzlich von Sr. Majestät sanktioniertes Landesgesetz eine neue Epoche anzubrechen beginnt, haben sich eine große Zahl von Freunden des edlen Fischereisportes ohne Unterschied der politischen Parteistellung zusammengefunden, um in der Hauptstadt Krains, in dem durch seine „Fischsoireen" in weiteren Kreisen bekannten und renommierten Laibach einen „Fischereiverein für Krain" zu begründen. Da durch diese Vereinsgründung eine neue Ära für das Fischereiwesen in Krain und speziell in der Hauptstadt inauguriert erscheint, so dürfte es am Platze sein, heute in der Chronik der Stadt Laibach nachzusehen, wie zu verschiedenen Zeiten sich hier der Stand dieses Zweiges der Volkswirtschaft ergab.

Schon die „Pfahlbauern" auf dem Laibacher Moore trieben den Fischsport in der ihnen eigenen Weise, wozu ihnen die reiche Fischfauna des Seebeckens, auf dem sie ihre Niederlassungen hatten, die erwünschte Gelegenheit bot, und waren es hauptsächlich Hechte, Karpfen und Welse, deren Reste sich noch heute bei den Ausgrabungen als Funde der Fischfauna aus der Pfahlbautenperiode hierlands ergeben.

In der Römerzeit war gleichfalls die Fischerei eine Hauptbeschäftigung der Bewohner Laibachs, wie dieß die zahlreich auf römischen Denksteinen aus Emona (Laibach) vorkommenden „Delphine" und andere Fischgestalten darthun mögen. (Prof. Alphons Müllner verzeichnet in seinem höchst verdienstlichen Buche über Emona, Laibach 1879, Verlag von Jg. v. Kleinmayr und F. Bamberg, sämtliche Denkmalfunde mit genauester Angabe der Lesarten und der Darstellungen.) Ja es sollen „köstliche" Fische aus Laibach auf die Tafeln der Römer selbst bis in die „ewige Stadt" gewandert sein und dort nicht wenig zur Erhöhung der lukullischen Genüsse beigetragen haben.

Doch rücken wir aus dem „Grau" der Vorzeit in die spätere christliche Zeit vor. Da finden wir Laibach als eine Fischerkolonie par excellence. Es haben nämlich nach alten Urkunden schon 742 n. Chr. fromme Fischer zu Ehren ihres Schutzpatrons, des heil. Nicolaus von Myra, an der Stelle, wo die heutige Kathedrale zu St. Nicolaus sich erhebt, ein ganz kleines Kirchlein erbaut und wurde dasselbe bis in spätere Tage als „Fischerkirche" bezeichnet. Im Jahre 1248 wurde diese der Fischerzunft gehörige Kirche zur Pfarrkirche erhoben. Rings um sie herum standen die Fischerhütten, zum Teil unten am Laibachflusse, zum Teil an den Fuß des Schloßberges sich anlehnend. Nach Errichtung des Laibacher Bistums (Ende des XV. Jahrhunderts) zogen die letzteren — die an dem Schloßberg Anwohnenden — auf die andere Seite des Laibachflusses auf den heutigen Damm hinter der St. Petersgasse, damit, wo sie bisher gewohnt, die „Thumbherrn Platz haben mögten" (wie Valvasor schreibt). Aber nicht allein in dieser Stadtgegend waren die Fischer im Mittelalter und in den zunächst gefolgten Jahren seßhaft, auch auf dem alten Markte gab es altrenommierte Fischerhäuser und eine ganze Vorstadt, „die Kralau", war von Fischern bewohnt, bildete eigentlich ein Fischerdorf. Vornehme Bürger führten in ihren (bürgerlichen) Wappen mit Vorliebe „Fischzeichen" und unter den Bürgermeistern von Laibach begegnen wir den Vodopivec (Wassertrinker), die in ihren Wappen „zwei Fische" hatten. (1556, 1557, 1567, 1568, 1604, 1607).

Der Charakter der Stadt war also in alten Zeiten stark prononziert der einer Fischerstadt, wozu sie durch die Lage an den Ufern eines damals fischreichen Flusses und in der Nähe der Save, die gleichfalls die größten und schönsten Fische führt, besonders geeignet erschien.

Eine der romantischesten Volkssagen Krains, die der erste slovenische Kunstdichter Franz Preširen, sowie auch sein deutscher Landsmann und Dichterfreund, der gefeierte Anastasius Grün (Anton Alexander Graf Auersperg) gleich meisterhaft behandelt haben, ist die Volkssage vom „Wassermann" (povodní mož), der aus der Laibach (aus seinem Glaspalaste) heraufkommt und die schönste Maid vom Reigen unter der alten Linde entführt; sie ist eine Fischersage gewesen, denn noch Valvasor versichert in seiner „Ehre des Herzogthums Krain" (1689), daß „jedweder Fischer auf der Laybach genug davon zu sagen weiß".

Die Fischer Laibachs hatten ihre eigenen Volksbelustigungen, Fischerfeste, Herausforderungen der anderen Zünfte und dergleichen mehr.

Die „Fischereizunft" zählte zu den ersten und angesehensten Zünften der Stadt, hatte auch bei öffentlichen Aufzügen einen gewissen Vorrang: bei der Frohnleichnamsprozession zog sie mit Musik auf, und zwar mit einem Baßgeiger, zwei Diskantisten und einem Citharschlager.

Im Jahre 1628 errichtete die Fischerzunft in Laibach beim Dom zu St. Nikolaus eine eigene Stiftung. Der Stiftbrief ddo. Laibach 17. Juni 1628, gezeichnet von dem berühmten Laibacher Bischofe Thomas Chrön, dem persönlichen Freunde Kaiser Ferdinand II., enthält die Bestimmungen dieser Stiftung und erliegt in Kopie im Domkapitelarchiv. Wir entnehmen demselben nachstehende Details. Die Zunft verobligiret sich 1. „alle Zeit" und „so oft es von nöthen seyn wirdt eine schöne Creutzfahn in der Thumbkirchen zu halten". 2. Jeder Zeit in solcher Zunft drei Zöchmeister oder auff's wenigste zwei zu haben und „mit Vorwissen und Consens des Hrn. Bischofs zu erwählen". 3. Unter sich eine „Pizen vnd solliche die Zöchpröbste bey sich in der Verwahrung halten". 4. Wenn sich einer vnter solich vnserer Zunft vngehorsamb, übel vnd vngebührlich wirde verhalten biesen vnseren stüfftbruiff zu wider thuen vnd handeln solte vnd denen in allen Püncten nicht nachkommen würde als sollen ihm die Zöchpröbst seinem Verbrechen nach zubestraffen vnd soliches strafgeld in die Pizen legen fueg vnd macht haben. 5. Wan einer in soliche vnsere Zunfft eintreten will, ist er anfangs sich guet katholisch, wie dann auch ehrlich vnd fromb zu erzeigen vnd zu halten, dann zu Erhaltung des Gottesdiensts vnd Creutzfahnen bei denen Zöchpröbsten vnd Brüdern sich mit einer Gaab soviel sein guetter will ist, einzustellen schuldig vnd soll gleichfalls das Geld in die Pizen gelegt werden. 6. So seyn wir vnd solche vnsere Zunfft, alle Quatember Montag das ist viermal im Jahr in der Thumbkirchen St. Nikolai vnsers Patrons allhie durch ein priester Gott dem Allmächtigen, Marian Seiner hochgebenedeiten Jungfrauen Mutter vnd St. Nikolao vnsern Vatern zu Ehren denen verstorbenen Seelen ein Seelmeß oder Todtenamt zu halten schuldig. 7. Die Zunfft soll sich bei allen Processionen einstellen „auch wie solche Zunfft einmal in Ordnung gesetzt, also allzeit vnverändert verbleiben". 8. Nach Endung jedes Jahrs, welches beschieht den Samstag nach Pfingsten, solle solche vnsere Bruderschaft oder Zunfft vnfehlbar Jedesmahl zusammen khomben, dazumahl die Zöchpröbst die Jahrsweisung Ihres Empfangs vnd außgabs zu ihnen schuldig, dannenmahlen auch die Bruderschaft oder Zunfft anderer Zöchpröbst doch alle Zeit mit vorhergehender Verwilligung vnd Vor-

wissen des Hrn. Bischofs oder seines General Vicars zu erwählen vnd auf-
zunehmen oder die vorigen zu bestättigen macht haben".

Man ersieht aus diesem „Stiftbrief", der, nebenbei bemerkt, die Sig-
natur seiner Tage, die Blütezeit der Gegenreformation aufgedruckt hat, daß die
Fischerzunft ihr Jahr mit dem Samstag nach Pfingsten als beendet ansah, wo
dann das Fischerneujahr begann und die „Generalversammlung" mit dem
Rechnungsabschluß des abgelaufenen Jahres abgehalten wurde.

Die von der philharmonischen Gesellschaft von 1702 ab alljährlich in
der Sommersaison veranstalteten häufigen Lust- und Wasserfahrten auf der
Laibach waren stets mit üppigen Fischessen verbunden und blieben daher nicht
ohne Einfluß auf die Fischereiverhältnisse der Hauptstadt. Und der medizinische Schriftsteller Max Gerbetz, der 1710 seine „Gründliche Vertheidigung
der Laybacherischen Lüfft" erscheinen ließ, schreibt in diesem auch kulturgeschicht-
lich hochinteressanten Büchlein: „Geschweige ich die Ergötzung und den Nutzen,
den man an diesen Fluß (Laibachfluß) mit dem Fischfang genießet"

Am Ausgange des 18. Jahrhunderts ward die fleißige und gewerbtüchtige
Fischervorstadt Laibachs, die Kralau, die aus ihren kleinen aber netten, von
zierlichen wohlbebauten Gärten umgebenen Häuschen der Stadt im Laufe der
Zeiten so manchen ausgezeichneten Bürger gestellt und heute noch stellt — wir
erinnern nur an die Namen Doberlet, Martinec, Perdan, Tome u. A. —
wiederholt von den verheerendsten Bränden heimgesucht; so äscherte ein großes
Schadenfeuer am 7. September 1770 in der Kralau 51 Häuser ein, ein zweites
am 29. April 1798 ebenda 32 Häuser. Aus diesen Unfällen ging aber das
Heim der biederen Fischer Laibachs stets wie ein Phönix hervor und die Neu-
bauten schlossen sich in ihrer Originalität den Bauten der Väter an und reprä-
sentieren heute noch in der eigentümlichen Anlage mit ihren hellweißen Wänden
und grünen Balken in niedriger und doch äußerst wohnlicher und anmutender
Konstruktion das Bild längstvergangener Tage.

Möge dieses Festhalten der Kralauer Fischer an dem Baustil der Vor-
fahren ein gutes Vorzeichen sein! Jetzt, wo für das Fischereiwesen eine neue
Zeit beginnt, möge das Tüchtige und Solide in der Bauweise den Grundstein
bilden zu dem Neubaue des Fischereiwesens in Krain, das sich, wie nicht bald
anderswo, bei uns auf die solidesten Traditionen aufbauen kann. Nur in dem
ernsten und loyalen Zusammenwirken der Fischereivereinsgenossen kann diesem
so hochwichtigen Zweige der Volkswirtschaft jener Aufschwung werden, der sich
natürlich und gesund entwickelt aus dem harmonischen Zusammenklingen von
Theorie und Praxis; vor allem sei aber ferne die „Phrase", die schon so viel
Unheil bei uns angerichtet, denn „stumm" ist ja der Fisch!